★ MY
ENGLISH
CHECKLIST
3768

★ 빠짐없이 ★ 빈틈없이 ★ 완벽한 기본기 ★

Intro

: 영어회화,
딱 여기까지만?

ⓠ 여기까지가 어느 정도인데요?

원하는 내용을 다 말 할 수 있는 수준이에요. 해외여행에서 길을 묻거나 주문을
하는 등의 의사소통이 가능한 정도입니다.

ⓠ 그러면 네이티브 스피커 아닌가요?

네이티브 스피커는 표현 방식마저 자유로워요. 예를 들면, 맛있다는 표현을 쓸 때
'맛이 훌륭하다.', '음식 솜씨가 좋다.', '입에서 살살 녹는다.' 같은 표현을 쓸 필요
없이 '맛있다'는 핵심 표현만 있으면 의미가 통합니다. 우리에게 필요한 것은 현지
인의 다양한 표현 방식이 아니라, 대화가 가능한 수준의 기본기입니다.

ⓠ 저는 표현 방식도 다양하면 좋겠는데요.

그러면 좋죠. 물론, 표현 방식까지 다양해진다면 나의 감정이나 생각을 좀 더 자
세히 전달할 수 있습니다. 해외에 나가면 단순 관광뿐만 아니라, 현지인들과 자연
스레 어울려 장기간 살아갈 수도 있을 거예요.

Q 그런데 왜 딱 이만큼만 공부하라는 거죠?

그 지점에서 난이도가 갑자기 높아지기 때문이에요. 이 정도면 내가 오를 수 있겠는데? 라는 생각이 들어야 다음 산에 도전할 수 있습니다. 동산 뒤에 갑자기 에베레스트산에 올라야 한다면? 너무 큰 두려움이 느껴지겠죠. 영어도 마찬가지입니다. 갑자기 난이도가 높아지면 '아 나는 역시 영어는 안 되겠어.'라며 포기하게 됩니다. 여러분은 혹시 바텐더가 만들어주는 칵테일을 마셔본 일이 있나요?

Q 네. 엄청 멋있는 쇼와 함께 칵테일을 만들어 주던데요.

그런 멋있는 쇼를 위해서 수많은 시간 동안 연습을 했을 거예요. 하지만 우리는 그런 시간을 들이지 않아도 똑같은 맛의 칵테일을 만들 수 있습니다.

Q 어떻게요?

그냥 얌전히 컵에 따라주면 되죠. 칵테일 내용에는 차이가 없으니까요. 우리 모두가 전문 바텐더가 되지 않아도 되는 것처럼, 우리 모두가 현지인 같은 네이티브 스피커가 될 필요는 없다는 거예요. 그래서 많은 사람이 딱 거기까지만 공부합니다. 외국인 앞에서 의사소통에 문제없이 유창하게 말할 수 있는 것이 포인트니까요.

Q 하지만 주위에 보면 네이티브처럼 되려고 노력하는 친구들이 많아요.

시간이 아주 많고 영어에 꿈이 있다면 그런 노력은 좋죠. 하지만 우리는 바쁜 일상을 살고 있습니다. 그런 와중에도 영어를 네이티브 스피커처럼 해야 한다는 강박감이 유독 우리나라에 만연한 것 같아요. 다른 나라 사람들과 영어를 해보면 딱 대화가 가능한 수준의 영어를 구사하는 경우가 대부분입니다.

Q 그렇군요... 그래도 저는 뭔가 더 멋져보이고 싶은데...

그렇다면 일단 기본기를 위해 이 책은 마스터해야겠죠. 그다음은 그 뒤에 생각해볼까요?

– Mr.Sun 올림

contents

1

난 Tom에게
내가 원하는 것을
말할 수 있어.

당신은 오늘 Tom을 처음 만났습니다.
그에게 가장 먼저 건네야 하는 말은 무엇일까요?

우리는 이미 간단한 인사말 정도는 알고 있습니다. 그러나 우리는 다음에 어떤
말을 건네야 할지 잘 모릅니다. 이름을 물어보거나 국적을 물어보는 것 정도가
우리가 아는 표현의 전부거든요.

Tom에 대해 더 자세히 알고 싶지만, 영어로는 짧은 말이라도 한마디 건네기가
그렇게 어렵습니다. 하지만 1챕터의 체크리스트에서 당신이 안다고 체크하는
문장이 80% 이상이라면, 당신은 절대로 영어를 말하지 못하는 것이 아닙니다.
왠지 부끄러워서 말하지 않는 것뿐이에요. 틀린 문장을 말할까 봐 무섭고
발음이 이상하게 들릴까 봐 무서워서 말이죠.

그렇지만 당신이 어떻게 말하더라도 Tom은 찰떡같이 알아들어 줄 거예요.
그러니 일단 입을 떼세요. 입을 떼지 않으면 회화 실력은 절대 늘지 않습니다.

내가 누구인지 말할 땐...

세상의 모든 문장은 둘로 나뉩니다.
같다는 의미를 가진 문장과 **한다**는 의미를 가진 문장이 그것입니다.
영어를 기준으로 말하자면 be동사 문장과 일반동사 문장입니다.

★ be동사 | 현재 | 평서문

I am short.
나는 키가 작다.

CHECK ☐

be동사 문장은 **무엇과 무엇이 같다**고 말할 때 사용합니다.

I   am   short.

I   =   short.

*am, are, is*라는 단어들을 들어본 적이 있을 텐데요,
이들은 모두 같은 뜻입니다.
그리고 이들을 합쳐서 *be*동사라고 부릅니다.
그런데, 부를 때만 *be*동사라고 하고
실제로는 **주어에 맞춰서** *am, are, is*를 사용합니다.
그렇다면 *am, are, is*를 쓰는 기준은 무엇일까요?

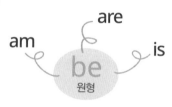

간단합니다. **인칭**과 **수**입니다.
나를 포함하면 **1인칭**, 너를 포함하면 **2인칭**,
나와 너를 제외한 나머지는 **3인칭**이라고 합니다.
그리고 한 명, 한 개는 **단수**,
여러 명, 여러 개는 **복수**라고 합니다.

1인칭/단수
I am ~
나는 ~이다

1인칭/복수
We are ~
우리들은 ~이다

2인칭/단수, 복수
You are ~
너는 ~이다
너희들은 ~이다

3인칭/단수
He / She is ~
그 / 그녀는 ~이다

It / This / That is ~
그것 / 이것 / 저것은 ~이다

3인칭/복수
They / There are ~
그들 / 그곳은 ~이다

Cats are ~
고양이들은 ~이다

I am not short.
나는 키가 작지 않다.

CHECK ☐

*be*동사 문장은 **무엇과 무엇이 같다**고 말할 때 사용한다고 배웠습니다.
그렇다면 **무엇과 무엇이 같지 않다**고 말하고 싶을 때는 어떻게 해야 할까요?
*be*동사 문장의 **부정문**을 만들면 됩니다.

방법은 아주 간단합니다. *be*동사 뒤에 *not*을 붙여주기만 하면 됩니다.

· You are not short.   너는 키가 작지 않다.

· He is not short.   그는 키가 작지 않다.

· They are not short.   그들은 키가 작지 않다.

· It is not short.   그것은 키가 작지 않다.

Am I short?
나는 키가 작니?

CHECK ☐

*be*동사 문장의 **의문문**을 만들 때도 *be*동사 문장을 조금만 변형하면 됩니다.
*be*동사와 **주어의 위치를 바꿔주기**만 하면 되죠.
물론, 문장 맨 **뒤에 ?**를 붙여주는 것을 잊으면 안 되겠죠?

· Are **you** short?   너는 키가 작니?

· Is **he** short?   그는 키가 작니?

· Are **we** short?   우리는 키가 작니?

내가 누구였는지 말할 땐...

버리는 청바지를 고쳐 가방으로 만들었습니다.

누군가가 그게 무엇이냐고 물어보네요.

be동사 문장을 사용해 이렇게 대답할 수 있겠죠.

이것은 가방이야.

그렇다면 그게 무엇이었냐는 물음에 대한 대답은 어떻게 하면 될까요?

이것은 청바지였어. 라는 말을 하려면 말이에요.

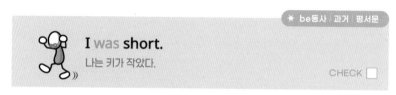

★ be동사 | 과거 | 평서문

I was short.
나는 키가 작았다.

CHECK ☐

이미 지나간 과거에 있었던 어떤 사실이나 경험에 대해 말을 하려면

be동사 문장을 **과거형**으로 바꾸어 사용해야만 합니다.

다시 말해 앞서 배운 문장과 비슷하지만 시제만 다른 것이죠.

과거형에서는 *am* 이나 *is* 대신 *was* 를 사용합니다.

· **He was short.**　　　그는 키가 작았다.

그리고 *are* 대신 *were* 을 사용합니다.

· **They were short.**　　그들은 키가 작았다.

I was ~	You were ~	He was ~	She was ~
나는 ~이었다	너는 ~이었다	그는 ~이었다	그녀는 ~이었다

We were ~	You were ~	They were ~	Cats were ~
우리들은 ~이었다	너희들은 ~이었다	그들은 ~이었다	고양이들은 ~이었다

am, is의 과거는 was,
are의 과거는 were

 **I wasn't short.**
나는 키가 작지 않았다.

CHECK ☐

*be*동사 **과거형 부정문**을 만드는 방법은 현재형 부정문을 만드는 방법과 같습니다.
그렇습니다. *be***동사 뒤에** *not* 을 붙여주기만 하면 됩니다.

· **She** was not **short.**
　　　wasn't
그녀는 키가 작지 않았다.

· **They** were not **short.**
　　　weren't
그들은 키가 작지 않았다.

(?) Was **I short?**
내가 키가 작았었니?

CHECK ☐

*be*동사 **과거형 의문문** 역시 현재형 의문문과 마찬가지로
*be***동사와 주어의 위치를 바꿔주기**만 하면 완성됩니다.

· Was **she short?**　　그녀는 키가 작았니?

· Were **they short?**　　그들은 키가 작았니?

were you short?

내가 무얼 하는지 말할 땐...

★ 일반동사 | 현재 | 평서문 1

I run.
나는 달린다.

CHECK ☐

*be*동사 문장은 어떤 대상이 무엇인지 말할 때 사용하죠.
하지만 **달린다, 운전한다, 좋아한다, 안다**처럼
어떤 대상이 **무엇을 하는지**에 대해 말할 때는 **일반동사 문장**을 사용합니다.

· I am short.　　　나는 키가 작다.
　　~이다

· I run.　　　　　　나는 달린다.
　　~을 한다

이처럼 일반동사 문장은
대상이 하는 행동에 대해 말할 때 쓰입니다.
상황에 따라 수많은 일반동사 문장이 만들어지겠죠.

★ 일반동사 | 현재 | 평서문 2

He runs.
그는 달린다.

CHECK ☐

일반동사의 현재형도 *be*동사처럼
인칭과 수에 따라 형태가 바뀝니다.
주어가 **1인칭, 2인칭, 3인칭 복수**일 때는
동사원형을 사용하고,
주어가 **3인칭 단수**일 때는
동사원형에 **s**를 붙여줍니다.

1 · 2인칭, 3인칭 복수	3인칭 단수
I run. 나는 달린다.	
You run. 너는 달린다.	**She runs.** 그녀는 달린다.
They run. 그들은 달린다.	

I don't run.
나는 달리지 않는다.

CHECK ☐

일반동사를 부정문으로 바꾸면 **~를 하지 않다**라는 표현이 됩니다.
만약 *I run*을 부정문으로 바꾼다면 어떻게 될까요?
*be*동사에서 했던 것처럼 이렇게 바뀌게 될까요?

· I not run. ········· X

그렇다면 참 쉽겠지만,
일반동사가 **부정문**으로 변신할 때는
반드시 *do*와 *does*의 도움을 받게 됩니다.
1인칭과 2인칭, 3인칭 복수 주어일 땐
일반동사의 앞에 *do not*을 추가하면 됩니다.
*do not*은 축약형인 *don't*로 더 많이 사용합니다.

do, does가
반드시 필요!

· I do not run.   나는 달리지 않는다.
  don't

He doesn't run.
그는 달리지 않는다.

CHECK ☐

주어가 **3인칭 단수**일 때 부정문은 *do not* 대신 *does not*을 사용합니다.
does not 역시 축약형인 *doesn't*로 많이 사용됩니다.
이때 동사에 붙었던 *s*가 빠지고 **동사원형**을 사용합니다.
*does*가 쓰이는 순간 동사는 원형으로 바뀐다는 것을 꼭 기억하길 바랍니다.

· She does not run.   그녀는 달리지 않는다.
  doesn't   동사원형

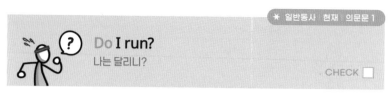

Do I run?
나는 달리니?

CHECK ☐

*be*동사 문장을 의문문으로 만들 때는 단지 문장 요소의 순서만 바꾸면 됐었죠.
하지만 일반동사가 사용된 문장을 **의문문**으로 바꿀 때는
그와 다른 방법을 사용해야 합니다.
바로 *do*동사를 문장의 **맨 앞에 추가**해 주는 것이죠.

· Do you run?　　너는 달리니?

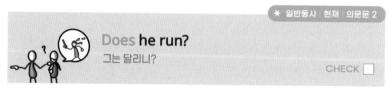

Does he run?
그는 달리니?

CHECK ☐

일반동사의 부정문을 만들 때처럼
의문문 역시 3인칭 단수가 주어일 땐 *do* 대신 *does*를 사용합니다.
그리고, *does*를 사용하면 부정문에서와 같이 동사에서 *s*를 빼고
원형을 그대로 사용해야 한다는 점을 주의하세요.
요약하면, **3인칭 단수가 주어인 부정문·의문문에서는 *does*를 사용하고,
동사는 원형으로 바꾸어** 씁니다.

· Does she run?　　그녀는 달리니?

무엇을 했었는지 말할 땐...

be동사로 과거에 했던 일에 대해 이야기할 수 있었죠.
그렇다면 일반동사로 과거에 했던 행동에 대해 이야기하고 싶을 때는
어떻게 해야 할까요?

★ 일반동사 | 과거 | 평서문 1

I needed you.
나는 네가 필요했다.

CHECK ☐

필요했다, 보았다, 걸었다와 같은 것들을 표현하는 방법은 아주 간단합니다.
동사 끝에 **ed**를 붙여주면 됩니다.
이와 같은 동사들을 **규칙동사**라고 부릅니다.

· I liked you.   나는 너를 좋아했다.
  동사원형 + ed

· I watched TV.   나는 TV를 봤다.
  동사원형 + ed

★ 일반동사 | 과거 | 평서문 2

I knew you.
나는 당신을 알고 있었다.

CHECK ☐

규칙동사와 달리 **ed**를 이용하지 않고 **아무렇게나 변화**하는 동사들이 있는데,
이들을 **불규칙동사**라고 부릅니다.
여기서는 불규칙하게 변화하는 동사가 있다는 것 정도만 알아두시고
자세한 내용은 다음 페이지에서 확인하시면 됩니다.

★ 일반동사 | 과거 | 부정문

I didn't need it.
나는 그것이 필요하지 않았다.

CHECK ☐

어떤 행동을 하지 않았다고 말하고 싶을 때는
일반동사 과거형으로 쓰인 문장을 **부정문**으로 바꾸어야 합니다.
복잡하게 들리지만 방법은 역시 간단합니다.
일반동사 현재형에서 *do not, does not*을 썼다면
과거형에서는 과거를 의미하는 *did not*을 쓰는 것이죠.
또한, *do, does*가 나오면 동사원형을 사용했듯이,
*did*를 쓰면 역시 동사는 기존에 붙어있던 *ed*를 빼고 **원형으로 사용**됩니다.

· She did not run.　　그녀는 달리지 않았다.
　　　　didn't　　동사원형

★ 일반동사 | 과거 | 의문문

Did I need it?
내가 필요했니?

CHECK ☐

일반동사 과거형을 의문문으로 쓰고 싶을 때에도 역시 *did*를 사용하면 됩니다.
물론 동사는 원형을 사용합니다.

· Did he run?　　그가 달렸니?
　　　　동사원형

불규칙변화 동사들

*ed*로 끝나는 규칙변화 동사에 대해 배웠습니다.
하지만 전혀 다른 형태로 변형되는 동사들도 많습니다.
다행히도, 규칙변화 동사들에 비해 불규칙변화 동사들의 수가 많지 않아서 가볍게 외우면 됩니다.
다음의 단어를 함께 보겠습니다 .

go   went   gone

*go*는 대표적인 불규칙변화 동사입니다.
위에 보이는 세 단어는 한 세트로 *go*의 불규칙 3단계를 보여줍니다.
1단계는 동사원형, 2단계는 과거형, 3단계는 과거분사형이죠.
*go*는 **가다**, *went*는 **갔다**, *gone*은 **~로 가버린**이라는 뜻입니다.
*ed*가 붙는 규칙동사들과는 전혀 다른 모습이죠?
마지막에 보이는 *gone*은 **과거분사**라고 하는 일종의 형용사입니다.
나중에 자세히 배우게 되니 크게 신경쓰지 않아도 됩니다.

★ 반드시 외워야 할 불규칙변화 동사들

불규칙변화 동사를 외울 때는 이렇게 세 개를 한 세트로 묶어서 외운다는 것만 알아두시고
이 책의 168쪽에서 분사에 대해 공부한 다음 다시 외워도 좋겠습니다.

	원형	과거형	과거분사형			원형	과거형	과거분사형
가다	go	went	gone		쓰다	write	wrote	written
얻다	get	got	got/gotten		잊다	forget	forgot	forgotten
만나다	meet	met	met		잠자다	sleep	slept	slept
오다	come	came	come		마시다	drink	drank	drunk
주다	give	gave	given		알다	know	knew	known
먹다	eat	ate	eaten		느끼다	feel	felt	felt
~라고 말하다	say	said	said		남기다	leave	left	left
이야기하다	tell	told	told		생각하다	think	thought	thought
말하다	speak	spoke	spoken		발견하다	find	found	found
보다	see	saw	seen		가지고 떠나다	take	took	taken

계획은 will & 자신감은 can!

★ 조동사 | will

I will go.
나는 갈 거야.

CHECK ☐

미래에 일어나게 될 어떤 일에 대해 말할 때, *will*을 사용하면 됩니다.
가다라는 뜻의 동사 *go* 앞에 *will*을 붙여주면 **나중에 갈 것이다**라는 의미가 되죠.
이처럼 **동사의 앞에 붙어 부수적인 의미를 추가해주는 단어를 조동사**라고 합니다.
조동사에 이미 **시점 정보가 포함**되어 있으므로 동사는 항상 **원형**을 씁니다.
~하지 않을 것이다라는 의미의 **부정문**을 만들 때에는
조동사 *will*에 *not*을 붙여 *will not*이나 축약형 *won't*를 사용합니다.

> · I won't go.　　　나는 가지 않을 거야.
>   will not

의문문에서는 조동사와 주어의 위치만 바꾸면 됩니다. *be*동사와 비슷하죠?

> · Will you go?　　　너는 갈 거니?

★ 조동사 | can

I can sing.
나는 노래할 수 있다.

CHECK ☐

무엇인가를 할 수 있다고 말하고 싶을 때가 있죠.
어떤 일을 할 **능력이 있음**을 말할 때에는 조동사 *can*을 사용하면 됩니다.
can 역시 조동사이므로 **동사** 앞에 씁니다. 그럼 그 행동을 할 수 있다는 뜻이 되죠.
할 수 없는 일을 이야기할 때는 *cannot*, 혹은 축약형 *can't*를 사용합니다.

> · I can't sing.　　　나는 노래할 수 없다.
>   cannot

will 의문문을 만들 때, 주어와 조동사 *will*의 위치만 바꿔서 의문문을 만들어 줬었죠.
*can*을 비롯한 모든 조동사 문장은 위치만 바꿔주면 간단히 의문문을 만들 수 있습니다.

> · Can I sing?　　　내가 노래할 수 있을까?

정말 쉬운 **명령문 만들기**

★ 일반동사 | 명령문

Go!
가라!

CHECK ☐

명령문에서는 명령을 듣는 상대방인 *you*가 주어인 것이 명백하기 때문에
주어를 생략합니다. 그래서 굳이 *you*를 붙이지 않고 **동사원형으로 시작**합니다.
~를 하지 마라고 말할 때는, 동사원형 앞에 *do not* 혹은 축약형 *don't*를 씁니다.

· Don't go!   가지 마!
  Do not

★ be동사 | 명령문

Be careful!
조심해!

CHECK ☐

*be***동사**의 명령문을 만들 때 주의할 점은 *be***동사**의 원형은 *be*라는 것입니다.
이때도 부정 명령문을 만들려면 *don't*를 붙여주면 되겠죠?

· Don't be careful!   조심하지 마라!

★ 청유문

Let's go!
(우리) 가자!

CHECK ☐

우리 함께 ~하자라는 청유문을 만들려면 동사원형 앞에 *let us*를 붙여주면 됩니다.
*let us*는 *let's*로 훨씬 더 많이 쓰입니다.
우리 ~하지 말자라는 부정 청유문에는 *let's not*을 사용하면 됩니다.

Let's not go! 가지 말자!	Let's be careful! 조심하자!	Let's not be careful! 조심하지 말자!

~가 있다, 어떻게 말해?

✱ There be | 평서문

There is **a cup.**
컵 한 개가 있다.

CHECK ☐

be동사는 *there*이라는 단어와 함께 **무엇이 있다 혹은 없다**고 말할 때 사용합니다.
앞에서 배운 **be동사** 앞에 *there*을 붙여주면 됩니다.
*there*는 원래 **그곳**이라는 뜻의 단어지만, 여기서는 그 의미를 갖지 않습니다.

다른 문장과 달리 *there be*로 시작하는 문장은 주어가 **be동사** 뒤에 있습니다.
그래서 **be동사** 뒤에 있는 명사에 동사를 맞춰주면 되는 거죠.

· **There** is **a cup.** 컵 한 개가 있다.
　　　　3인칭 단수
· **There** are **cups.** 컵 여러 개가 있다.
　　　　3인칭 복수

뒤에 있는 명사를 보라!

✱ There be | 부정문

There is not **a cup.**
컵이 없다.

CHECK ☐

무엇이 없다고 말하려면 **be동사** 부정문을 만들 때처럼 **동사 뒤에** *not*을 씁니다.
*there be*로 시작하는 문장의 의문문이나 과거형 문장 등을 만드는 방법도
be동사가 쓰인 다른 문장과 다르지 않습니다.

· Is there **a cup?** 컵 한 개가 있니?

· There was **a cup.** 컵 한 개가 있었다.

· There will be **cups.** 컵 여러 개가 있을 것이다.

진행형

be**동사**를 배우며 현재형과 과거형이 있다는 것을 배웠습니다.
영어에는 이 두 가지 외에도 다양한 시제가 존재합니다.
현재, 과거, 미래, 대과거, 완료, 진행...

이번에는 be**동사**를 응용해 표현할 수 있는 진행형에 대해 배워보겠습니다.
진행형은 *be + ~ing* 로 씁니다. 이때 *~ing* 는 일반동사에 *ing* 를 붙인 것입니다.

실은, 앞서 배웠던 현재형은 *지금*을 나타내는 말은 아닙니다.
어제도 오늘도 그리고 내일도 계속되는, 반복되는 습관이나 일상적인 행동을 나타내는 시제죠.

그렇다면 **지금 ~하는 중이다**라는 말을 하고 싶다면 어떻게 하면 될까요?
현재진행형을 이용하면 됩니다.
현재진행형은 *am / are / is + ~ing* 입니다.

이번에는 **과거의 특정 시점**에 **~하는 중이었다**라고 표현해 보겠습니다.
역시나 진행형을 이용할 수 있습니다.
과거진행형은 *was / were + ~ing* 입니다.

미래에 ~하는 중일 것이다라고 말하고 싶을 때도 있겠죠?
미래진행형은 *will be + ~ing* 입니다.
미래를 나타내는 조동사 *will* 이 쓰였고, 조동사 뒤에 언제나 동사원형이기 때문에 *be*가 왔습니다.

체크하는 법 한글 해석만 읽고 영어로 말할 수 있으면 체크! ✓

001 ☐ 내가 미안해. | I **am** sorry.

☐ 나는 괜찮아. | I **am** fine.

☐ 틀림없어. | I **am** sure.

☐ 나는 바빠. | I **am** busy.

☐ 나는 한가해. | I **am** free.

☐ 나는 이곳에 있어. | I **am** here.

☐ 내가 돌아왔어. back | I **am** back.

☐ 나 다쳤어. hurt | I **am** hurt.

☐ 나 아파. | I **am** sick.

☐ 목말라. thirsty | I **am** thirsty.

☐ 나는 배고파. | I **am** hungry.

☐ 나는 배불러. full | I **am** full.

☐ 나는 길을 잃었어. lost | I **am** lost.

☐ 나 긴장하고 있어. nervous | I **am** nervous.

☐ 나는 진심이야. serious | I **am** serious.

002 ☐ 나는 기다리는 중이야. | I **am** waiting.

☐ 나는 노력 중이야. trying | I **am** trying.

☐ 지금 가고 있어. coming | I **am** coming.

☐ 듣고 있어. | I **am** listening.

☐ 나는 무서워. scared   I **am** scared.

☐ 깜짝 놀랐어.   I **am** surprised.

☐ 나는 매우 흥겨워.   I **am** so excited.

☐ 그냥 구경하고 있어. looking   I **am** just looking.

☐ 나는 한국에서 왔어.   I **am** from Korea.

☐ 큰일 났어. trouble   I **am** in trouble.

☐ 나는 오늘 쉬는 날이야.   I **am** off today.

☐ 나는 그렇게 해도 상관없어.   I **am** ok with it.

☐ 나는 가는 중이야.   I **am** on the way.

☐ 나는 너의 편이야. side   I **am** on your side.

☐ 나는 네가 자랑스러워. proud   I **am** proud of you.

☐ 천만에요. welcome   You **are** welcome.

☐ 네가 맞아.   You **are** right.

☐ 네가 틀렸어.   You **are** wrong.

☐ 너는 멋있어. gorgeous   You **are** gorgeous.

☐ 너는 정말 아름다워.   You **are** so beautiful.

☐ 너는 정말 재밌어.   You **are** so funny.

☐ 너는 정말 친절해. kind   You **are** so kind.

☐ 너는 정말 운이 좋네. lucky   You **are** so lucky.

007

☐ 너는 바보야. idiot — You are an idiot.

☐ 너는 거짓말쟁이야. liar — You are a liar.

008

☐ 너는 정말 잘하고 있어. great — You are doing great.

☐ 너는 제시간에 왔어. on time — You are on time.

009

☐ 그가 화났어. — He is angry.

☐ 그는 재밌어. — He is funny.

010

☐ 그는 너무 권위적이야. bossy — He is too bossy.

☐ 그는 정말 잘생겼어. — He is very handsome.

☐ 그는 꽤 섹시해. — He is quite hot.

011

☐ 그가 오고 있어. — He is coming.

☐ 그는 정말 짜증 나. annoying — He is too annoying.

☐ 그는 내 남자친구가 아니야. — He is not my boyfriend.

012

☐ 그것은 좋아. — It's good.

☐ 그것은 간단해. — It's simple.

☐ 그것은 무료야. — It's free.

☐ 그것은 쉬워. — It's easy.

☐ 그것은 어려워. hard — It's hard.

☐ 그것은 맛있어. — It's delicious.

☐ 그것은 어려워. difficult — It's difficult.

☐ 그것은 중요해.	It's important.
☐ 그것은 불가능해.	It's impossible.
☐ 그것은 위험해.	It's dangerous.
☐ 그것은 무거워.	It's heavy.
☐ 그것은 빛나. shiny	It's shiny.
☐ 흐린 날씨야.	It's cloudy.
☐ 화창한 날씨야.	It's sunny.
☐ 그건 불공평해. unfair	It's unfair.
☐ 그건 좀 이상해. weird	It's weird.
☐ 음식이 너무 익었어. overcooked	It's overcooked.
☐ 그것은 지루해. boring	It's boring.
☐ 그것은 실망스러워. disappointing	It's disappointing.
☐ 그것은 혐오스러워. disgusting	It's disgusting.
☐ 그것은 흥미로워.	It's exciting.
☐ 아무것도 아니야. nothing	It's nothing.
☐ 비가 오네.	It's raining.
☐ 눈이 오네.	It's snowing.
☐ 그게 나야.	It's me.
☐ 그것은 내 거야.	It's mine.

013

014

체크하는 법 한글 해석만 읽고 영어로 말할 수 있으면 체크! ✔

☐ 그것은 네 거야.		It's yours.
015 ☐ 내 잘못이야. fault		It's my fault.
☐ 천만에요. pleasure		It's my pleasure.
☐ 내 차례야. turn		It's my turn.
☐ 네 차례야.		It's your turn.
☐ 나는 처음이야. first time		It's my first time.
016 ☐ 그것은 매우 싸. cheap		It's so cheap.
☐ 그것은 엉망진창이야. mess		It's a mess.
☐ 그건 내가 계산할게.		It's on me.
☐ 그건 너를 위한 거야.		It's for you.
☐ 그것이 최고의 방법이야. best way		It's the best way.
☐ 점심시간이야.		It's time for lunch.
☐ 뭐라 말하면 좋을지 모르겠어.		It's hard to say.
☐ 그것은 너에게 달렸어. up		It's up to you.
☐ 그건 모든 걸 얻는지 잃든지 둘 중 하나야.		It's all or nothing.
017 ☐ 저것은 좋아.		That is good.
☐ 저것은 맞아.		That is right.
☐ 저것은 틀렸어.		That is wrong.
☐ 저것은 끔찍해. terrible		That is terrible.

저거면 충분해. `enough`　　　That is enough.

저것은 재밌어.　　　That is funny.

저것은 헛소리야. `bullshit`　　　That is bullshit.

저것은 흥미로워.　　　That is interesting.

저것이 전부야.　　　That is all.

저것은 괜찮아. `alright`　　　That is alright.

좋은 생각이야.　　　That is a good idea.

좋은 지적이야. `point`　　　That is a good point.

저것은 별개의 이야기야. `another`　　　That is another story.

저것은 중요한 게 아니야.　　　That is not the point.

저것은 사실이 아니야.　　　That is not true.

저것은 너의 문제야.　　　That is your problem.

그것은 매우 커.　　　It's too big.

그것은 매우 작아.　　　It's too small.

그것은 매우 뜨거워.　　　It's too hot.

그것은 매우 차가워.　　　It's too cold.

그것은 너무 비싸. `expensive`　　　It's too expensive.

그것은 너무 짜. `salty`　　　It's too salty.

그것은 너무 수수해.　　　It's too simple.

체크하는 법 한글 해석만 읽고 영어로 말할 수 있으면 체크! ✔

☐ 그것은 너무 매워.	It's too spicy.
☐ 그것은 너무 많아.	It's too many.
☐ 그것은 너무 과해. (much)	It's too much.
☐ 나는 배고프지 않아.	I am not hungry.
☐ 나는 어리석지 않아.	I am not stupid.
☐ 나는 피곤하지 않아.	I am not tired.
☐ 나는 졸리지 않아. (sleepy)	I am not sleepy.
☐ 나는 확실하지 않아.	I am not sure.
☐ 나는 천재가 아니야.	I am not a genius.
☐ 나는 나쁜 사람이 아니야. (person)	I am not a bad person.
☐ 나는 몸이 좋지 않아. (feeling)	I am not feeling well.
☐ 나는 그것을 지어내고 있는 게 아니야.	I am not making it up.
☐ 나는 그렇게 부자이지 않아.	I am not that rich.
☐ 나는 그렇게 가난하지 않아.	I am not that poor.
☐ 나는 그렇게 순진하지 않아. (naive)	I am not that naive.
☐ 나는 그렇게 똑똑하지 않아.	I am not that smart.
☐ 너는 혼자가 아니야. (alone)	You are not alone.
☐ 너는 추하지 않아.	You are not ugly.
☐ 너는 내 타입이 아니야.	You are not my type.

022
023
024
025

□ 너는 자격이 없어. **qualified**　　You are not qualified.

□ 그녀는 키가 크지 않아.　　She is not tall.

□ 그녀는 이곳에 없어.　　She is not here.

□ 그녀는 네 친구가 아니야.　　She is not your friend.

□ 그녀는 내 타입이 아니야.　　She is not my type.

027

□ 그건 내가 아니야.　　It's not me.

□ 그건 너답지 않아.　　It's not you.

□ 그것은 네 것이 아니야.　　It's not yours.

□ 그것은 공짜가 아니야.　　It's not free.

□ 그것은 내 잘못이 아니야.　　It's not my fault.

□ 그것은 그런 게 아니야.　　It's not like that.

□ 그것은 대단한 것이 아니야. **deal**　　It's not a big deal.

□ 그것은 덜 익었어. **cooked**　　It's not cooked enough.

□ 그걸로는 부족해.　　It's not good enough.

□ 그것은 너의 실수가 아니야.　　It's not your fault.

028

□ 저것은 나쁘지 않아.　　That is not bad.

□ 저것은 좋지 않아.　　That is not good.

□ 저것은 내 것이 아니야.　　That is not mine.

□ 저것은 진실이 아니야.　　That is not the truth.

체크하는 법 한글 해석만 읽고 영어로 말할 수 있으면 체크! ✔

☐ 그건 그런 경우가 아니야. **case**	**That is not** the case.
☐ 그건 내 요점이 아니야.	**That is not** my point.
☐ 그건 좋은 생각이 아니야.	**That is not** a good idea.
☐ 내가 맞지?	**Am I** right?
☐ 내가 틀리니?	**Am I** wrong?
☐ 내가 뭘 놓치고 있니?	**Am I** missing something?
☐ 내가 방해하고 있니?	**Am I** in your way?
☐ 너는 확실해?	**Are you** sure?
☐ 너는 괜찮니?	**Are you** okay?
☐ 너는 혼자니?	**Are you** alone?
☐ 너 바쁘니?	**Are you** busy?
☐ 너 미쳤어?	**Are you** crazy?
☐ 너는 진심이니?	**Are you** serious?
☐ 너는 준비됐니?	**Are you** ready?
☐ 너 아프니?	**Are you** sick?
☐ 너는 만족해? **satisfied**	**Are you** satisfied?
☐ 너도 할래?	**Are you** in?
☐ 너 거기 있니?	**Are you** there?
☐ 너는 이걸 할 준비됐니?	**Are you** up for this?

029
030
031

☐ 너 오늘 밤에 시간 있니?   **Are you** free tonight?

032 ☐ 너 농담하는 거니? `kidding`   **Are you** kidding?

☐ 너는 찾는 게 있니?   **Are you** looking for something?

☐ 너 나랑 장난하니? `playing`   **Are you** playing with me?

☐ 너는 사귀는 사람 있어? `seeing`   **Are you** seeing someone?

☐ 너 복용하는 약이 있어? `medicine`   **Are you** taking any medicine?

033 ☐ 너는 정말 괜찮니?   **Are you really** okay?

☐ 너는 정말 행복하니?   **Are you really** happy?

☐ 너는 정말 슬프니?   **Are you really** sad?

☐ 너는 정말 진지하니?   **Are you really** serious?

034 ☐ 그는 귀엽니?   **Is he** cute?

☐ 그가 너와 함께 있니?   **Is he** with you?

☐ 그는 집에 있니?   **Is he** at home?

☐ 그 사람 괜찮니?   **Is he** all right?

035 ☐ 그게 나야?   **Is it** me?

☐ 그것은 네 거니?   **Is it** yours?

☐ 그것은 사실이니?   **Is it** true?

☐ 그것은 괜찮니?   **Is it** OK?

☐ 그것이 행복이니? `happiness`   **Is it** happiness?

체크하는 법 한글 해석만 읽고 영어로 말할 수 있으면 체크! ✓

☐ 그게 어려워?	Is it hard?
☐ 그것이 내 탓이니?	Is it my fault?
☐ 그것은 나를 위한 것이니?	Is it for me?
☐ 그것은 공짜니? for free	Is it for free?
☐ 그것은 할인되니? on sale	Is it on sale?
☐ 그것은 서비스야? house	Is it on the house?
☐ 그건 좋지 않은 시간이니?	Is it a bad time?
☐ 그것은 잘 되고 있니?	Is it going well?
☐ 그건 너무하니?	Is it too much?
☐ 저것은 네 거니?	Is that yours?
☐ 저것은 진짜니?	Is that real?
☐ 저것이 그렇니?	Is that so?
☐ 저것이 전부야?	Is that all?
☐ 저것은 칭찬이니? compliment	Is that a compliment?
☐ 이것이 옳니?	Is this right?
☐ 이것이 틀리니?	Is this wrong?
☐ 이것이 사실이니?	Is this true?
☐ 이것이 네 자가용이니?	Is this your car?
☐ 이곳에 앉아도 될까?	Is this seat taken?

036

037

038

☐ 너는 행복하지 않아?   **Aren't you** happy**?**

☐ 너는 취하지 않아?   **Aren't you** drunk**?**

☐ 너는 춥지 않아?   **Aren't you** cold**?**

☐ 너는 졸리지 않아?   **Aren't you** sleepy**?**

☐ 그녀는 아름답지 않아?   **Isn't she** beautiful**?**

☐ 그녀는 친절하지 않아?   **Isn't she** kind**?**

☐ 그녀는 사랑스럽지 않아?   **Isn't she** lovely**?**

☐ 그녀는 웃기지 않아?   **Isn't she** funny**?**

☐ 그것은 멋지지 않아?   **Isn't it** cool**?**

☐ 그것은 낭만적이지 않아? `romantic`   **Isn't it** romantic**?**

☐ 그것은 너무 비싸지 않아?   **Isn't it** too expensive**?**

☐ 여기 덥지 않아?   **Isn't it** hot in here**?**

☐ 나는 멍청했어.   **I was** stupid**.**

☐ 나는 운이 좋았어.   **I was** lucky**.**

☐ 나는 기진맥진했어. `exhausted`   **I was** exhausted**.**

☐ 나는 유명했어.   **I was** popular**.**

☐ 나는 바빴어.   **I was** busy**.**

☐ 내가 잘못했어.   **I was** wrong**.**

☐ 나는 무서웠어.   **I was** scared**.**

043

☐ 그녀는 친절했어.　　　　　　　She was kind.

☐ 그녀는 바빴어.　　　　　　　　She was busy.

☐ 그녀는 오만했어. arrogant　　　She was arrogant.

☐ 그녀는 우울했어. depressed　　She was depressed.

☐ 그녀가 문제였어.　　　　　　　She was the problem.

044

☐ 그것은 대단했어.　　　　　　　It was great.

☐ 정말 아슬아슬했어. close　　　　It was close.

☐ 그것은 괜찮았어.　　　　　　　It was okay.

☐ 그것은 멋졌어. awesome　　　It was awesome.

☐ 그것은 흥미로웠어.　　　　　　It was exciting.

☐ 그것은 충격적이었어. shocking　It was shocking.

☐ 그것은 아무것도 아니었어.　　　It was nothing.

☐ 그것은 내 실수였어.　　　　　　It was my fault.

☐ 그것은 좋은 시간이었어.　　　　It was a good time.

☐ 힘든 하루였어. long day　　　　It was a long day.

☐ 만나서 반가웠어.　　　　　　　It was nice to see you.

045

☐ 나는 확신하지 않았어.　　　　　I was not sure.

☐ 나는 그곳에 있지 않았어.　　　　I was not there.

☐ 나는 초대되지 않았어.　　　　　I was not invited.

☐ 너는 준비되지 않았어.   You were not ready.

☐ 너는 솔직하지 않았어. `honest`   You were not honest.

☐ 너를 만날 수 없었어. `available`   You were not available.

☐ 너는 내 편이지 않았어.   You were not on my side.

☐ 그는 틀리지 않았어.   He was not wrong.

☐ 그는 행복하지 않았어.   He was not happy.

☐ 그는 유명하지 않았어.   He was not famous.

☐ 그는 너한테 관심이 있지 않았어.   He was not into you.

☐ 그것은 나쁜 것이 아니었어.   It was not bad.

☐ 그것은 가능한 것이 아니었어.   It was not possible.

☐ 그것은 너의 잘못이 아니었어.   It was not your fault.

☐ 그것은 그럴 가치가 없었어. `worth`   It was not worth it.

☐ 내가 무서웠니? `scary`   Was I scary?

☐ 내가 너무 쉬웠니?   Was I too easy?

☐ 내가 지나쳤니?   Was I too much?

☐ 내가 지루하게 했니?   Was I boring?

☐ 너는 바빴니?   Were you busy?

☐ 너는 집에 있었니?   Were you at home?

☐ 너는 졸고 있었니? `dozing off`   Were you dozing off?

체크하는 법 한글 해석만 읽고 영어로 말할 수 있으면 체크! ✓

☐ 너는 밤을 새웠니? `up all night`	**Were you** up all night?
☐ 그는 친절했니?	**Was he** nice?
☐ 그는 잘생겼니?	**Was he** handsome?
☐ 그는 실망했니?	**Was he** disappointed?
☐ 그는 네 스타일이었니?	**Was he** your style?
☐ 그것은 좋았니?	**Was it** good?
☐ 그것은 충분했니?	**Was it** enough?
☐ 그것은 사랑이었니?	**Was it** love?
☐ 그것이 속상했니? `upsetting`	**Was it** upsetting?
☐ 이유가 있어. `reason`	**There is a** reason.
☐ 기회가 있어. `chance`	**There is a** chance.
☐ 차이가 있어.	**There is a** difference.
☐ 남겨진 게 약간 있어. `left`	**There is a** little left.
☐ 희망이 없어.	**There is no** hope.
☐ 저녁 식사가 없어.	**There is no** dinner.
☐ 의심의 여지가 없어. `doubt`	**There is no** doubt.
☐ 공짜는 없어. `freebie`	**There is no** freebie.
☐ 손해가 될 건 없어. `harm`	**There is no** harm.
☐ 뜨거운 물이 나오지 않아.	**There is no** hot water.

051
052
053
054

☐ 다른 방법이 없어.   There is no other way.

☐ 문제없어.   There is no problem.

☐ 몇 가지 이유가 있어.   There are reasons.

☐ 몇 가지 문제가 있어.   There are problems.

☐ 몇 가지 예시가 있어.   There are examples.

☐ 몇 가지 증거가 있어.   There are evidences.

☐ 사람들이 아주 많아.   There are so many people.

☐ 물건들이 아주 많이 있어. `things`   There are so many things.

☐ 방법들이 아주 많이 있어.   There are so many ways.

☐ 기억들이 아주 많이 있어.   There are so many memories.

☐ 무슨 문제 있어?   Is there any problem?

☐ 선택지가 있어? `option`   Is there any option?

☐ 업데이트가 있어?   Is there any update?

☐ 다른 색도 있어? `any other`   Is there any other color?

☐ 화성에 생명체가 있어?   Is there life on Mars?

☐ 축제가 있어?   Is there a festival?

☐ 근처에 호텔이 있어? `around`   Is there a hotel around here?

☐ 근처에 한국 음식점이 있어? `nearby`   Is there a Korean restaurant nearby?

☐ 지각에 대해 변명의 여지가 없어. `late`   There is no excuse for being late.

체크하는 법 한글 해석만 읽고 영어로 말할 수 있으면 체크! ✔

☐ 서로 싸운 것에 대해 변명의 여지가 없어. each other	There is no excuse for fighting each other.
☐ 커닝에 대해 변명의 여지가 없어. cheating	There is no excuse for cheating.
☐ 마약 하는 것에 대해 변명의 여지가 없어. using	There is no excuse for using drugs.

059

☐ 걱정할 필요가 없어.	There is no need to worry.
☐ 화낼 필요가 없어.	There is no need to be upset.
☐ 그것을 가져갈 필요가 없어.	There is no need to bring that.
☐ 그것에 대해 말할 필요가 없어.	There is no need to talk about it.

060

☐ 공부하는 것에는 끝이 없어.	There is no end to studying.
☐ 연습하는 것에는 끝이 없어. practicing	There is no end to practicing.
☐ 꿈꾸는 것에는 끝이 없어.	There is no end to dreaming.
☐ 논쟁하는 것에는 끝이 없어. arguing	There is no end to arguing.

061

☐ 회의에서 특별한 것은 없었어. meeting	There was nothing special about the meeting.
☐ 공연에서 특별한 것은 없었어.	There was nothing special about the concert.
☐ 세미나에서 특별한 것은 없었어.	There was nothing special about the seminar.
☐ 포럼에서 특별한 것은 없었어.	There was nothing special about the forum.

062

☐ 파티에서 특별한 것이 있었어?	Was there anything special about the party?
☐ 강의에서 특별한 것이 있었어? lecture	Was there anything special about the lecture?
☐ 여행에서 특별한 것이 있었어?	Was there anything special about your trip?
☐ 머무는 동안 특별한 것이 있었어?	Was there anything special about your stay?

나에게는 이걸 할 이유가 없어.

There is no reason for me to do this.

나에게는 그곳에 갈 이유가 없어.

There is no reason for me to go there.

나에게는 널 협박할 이유가 없어.
blackmail

There is no reason for me to blackmail you.

나에게는 몰래 엿들을 이유가 없어.
eavesdrop

There is no reason for me to eavesdrop.

나에게는 시도하지 않을 이유가 없어.

There is no reason for me not to try it.

나에게는 그것을 사지 않을 이유가 없어.

There is no reason for me not to buy it.

나에게는 그걸 하지 않을 이유가 없어.

There is no reason for me not to do that.

나에게는 너를 돕지 않을 이유가 없어.

There is no reason for me not to help you.

너에 대한 무언가가 있어.

There is something about you.

그녀에게는 무언가가 있어.

There is something about her.

이 그림에는 무언가가 있어. drawing

There is something about this drawing.

그 영화에는 무언가가 있어.

There is something about the movie.

그런 행운 같은 것은 없어.

There is no such thing as luck.

그런 외계인 같은 것은 없어.

There is no such thing as aliens.

그런 진정한 사랑 같은 것은 없어.

There is no such thing as real love.

그런 공짜 점심 같은 것은 없어.

There is no such thing as a free lunch.

잃을 것은 아무것도 없어.

There is nothing to lose.

두려워할 것은 아무것도 없어. fear

There is nothing to fear.

변경될 것은 아무것도 없어. changed

There is nothing to be changed.

068

☐ 걱정할 것은 아무것도 없어.　　　　　**There is nothing** to worry about.

☐ 내가 사기 원하는 건 아무것도 없어.　　**There is nothing** I want to buy.

☐ 내가 처리하지 못하는 건 아무것도 없어.
　 handle　　　　　　　　　　　　　**There is nothing** I cannot handle.

☐ 네가 할 수 있는 건 아무것도 없어.　　　**There is nothing** you can do.

☐ 네가 알아야 할 건 아무것도 없어.　　　**There is nothing** you need to know.

069

☐ 내가 알아야 하는 무언가가 있어?　　　**Is there anything** I need to know?

☐ 내가 도와줄 수 있는 무언가가 있어?　　**Is there anything** I can help you with?

☐ 필요한 무언가가 있어?　　　　　　　**Is there anything** you need?

☐ 네가 추가하고 싶은 무언가가 있어?　　**Is there anything** you want to add?

070

☐ 내가 사야 하는 무언가가 있어.　　　　**There is something** I have to buy.

☐ 내가 너한테 말하고 싶은 무언가가 있어.　**There is something** I want to tell you.

☐ 나는 네가 해줬으면 하는 무언가가 있어.　**There is something** I need you to do.

☐ 널 위해 내가 할 수 있는 무언가가 있어.　**There is something** I can do for you.

071

☐ 그걸 할 수 있는 사람은 없어.　　　　　**There is no one who** can do that.

☐ 나를 판단할 수 있는 사람은 없어. judge　**There is no one who** can judge me.

☐ 죄를 짓지 않은 사람은 없어. sin　　　　**There is no one who** does not sin.

☐ 나를 이해하는 사람은 없어.　　　　　**There is no one who** understands me.

072

☐ 나는 그걸 원해.　　　　　　　　　　I want it.

☐ 나는 그를 원해.　　　　　　　　　　I want him.

□ 나는 환불하고 싶어. refund
I want a refund.

□ 나는 그런 비슷한 것을 원해.
something like
I want something like that.

□ 나는 그녀의 관심을 원해. attention
I want her attention.

073 □ 나는 너를 사랑해.
I love you.

□ 나는 내 아내를 사랑해.
I love my wife.

□ 나는 이 노래를 사랑해.
I love this song.

□ 나는 이런 거를 사랑해. stuff
I love this stuff.

074 □ 나는 너를 싫어해.
I hate you.

□ 나는 그것을 싫어해.
I hate it.

□ 나는 바퀴벌레를 싫어해. cockroaches
I hate cockroaches.

□ 나는 월요일을 싫어해.
I hate Monday.

075 □ 나는 문제가 있어.
I have a problem.

□ 나는 꿈이 있어.
I have a dream.

□ 나는 질문이 있어.
I have a question.

□ 나는 예약을 했어. reservation
I have a reservation.

□ 내게 생각이 있어.
I have an idea.

□ 나는 많은 친구가 있어.
I have many friends.

□ 나는 잃을 것이 없어.
I have nothing to lose.

□ 나는 할 말이 없어.
I have nothing to say.

체크하는 법 한글 해석만 읽고 영어로 말할 수 있으면 체크! ✔

076 ☐ 나는 상관 없어. care | **I don't** care.

☐ 나는 기억이 안 나. | **I don't** remember.

☐ 나는 이해가 안 돼. | **I don't** understand.

☐ 나는 그걸 원하지 않아. | **I don't** want it.

☐ 나는 그것이 필요하지 않아. | **I don't** need it.

☐ 나는 못 믿겠어. | **I don't** believe it.

☐ 나는 여기서 일하지 않아. | **I don't** work here.

☐ 나는 영어를 못해. speak | **I don't** speak English.

077 ☐ 너는 그것을 몰라. | **You don't** know it.

☐ 너는 그것이 필요하지 않아. | **You don't** need it.

☐ 너는 괜찮아 보이지 않아. seem | **You don't** seem okay.

078 ☐ 그것은 소용없어. | **It doesn't** work.

☐ 그것은 문제가 되지 않아. matter | **It doesn't** matter.

☐ 그것은 존재하지 않아. exist | **It doesn't** exist.

☐ 그것은 말이 안 되잖아. sense | **It doesn't** make sense.

☐ 그것은 크리스마스처럼 느껴지지 않아. | **It doesn't** feel like Christmas.

079 ☐ 내가 너를 알고 있니? | **Do I** know you?

☐ 내가 그것이 필요하니? | **Do I** need it?

☐ 내가 가야 하니? | **Do I** have to go?

☐ 내가 환승을 해야 하니? `transfer`	**Do I** need to transfer**?**
☐ 내가 이해되게 말하고 있니? `myself clear`	**Do I** make myself clear**?**
☐ 너는 동의하니? `agree`	**Do you** agree**?**
☐ 너는 이해가 되니?	**Do you** understand**?**
☐ 너는 그것이 마음에 드니?	**Do you** like it**?**
☐ 너는 그걸 원하니?	**Do you** want it**?**
☐ 너는 아이가 있니?	**Do you** have kids**?**
☐ 너는 나를 사랑하니?	**Do you** love me**?**
☐ 너 내 목소리가 들리니?	**Do you** hear me**?**
☐ 너는 나를 믿니?	**Do you** trust me**?**
☐ 너는 영어 할 줄 알아?	**Do you** speak English**?**
☐ 너는 이것을 기억하니?	**Do you** remember this**?**
☐ 너는 내기하고 싶니? `bet`	**Do you** want to bet**?**
☐ 너는 꼭 이렇게 해야겠어?	**Do you** really have to do this**?**
☐ 그것이 작동하니?	**Does it** work**?**
☐ 그것이 문제가 되니?	**Does it** matter**?**
☐ 그것이 아프니?	**Does it** hurt**?**
☐ 그것이 일리가 있니?	**Does it** make sense**?**
☐ 그것이 좋은 생각 같아? `sound`	**Does it** sound good**?**

체크하는 법 한글 해석만 읽고 영어로 말할 수 있으면 체크! ✔

☐ 그것은 맛이 좋니?	**Does it** taste good**?**
☐ 나는 몰랐어.	**I didn't** know**.**
☐ 나는 하지 않았어.	**I didn't** do it**.**
☐ 나는 그러려고 하지 않았어. mean	**I didn't** mean it**.**
☐ 나는 이해하지 못했어.	**I didn't** get it**.**
☐ 나는 예상 못 했어. expect	**I didn't** expect it**.**
☐ 내가 주문한 게 아니야.	**I didn't** order this**.**
☐ 내가 그런 게 아니야.	**I didn't** do that**.**
☐ 네가 이걸 했니?	**Did you** do this**?**
☐ 너는 그것을 알았니?	**Did you** know it**?**
☐ 너는 내가 그리웠니?	**Did you** miss me**?**
☐ 너는 푹 잘 잤니?	**Did you** sleep sound**?**
☐ 아침 식사했어?	**Did you** have breakfast**?**
☐ 저녁 식사했어?	**Did you** have dinner**?**
☐ 재미있었어?	**Did you** have fun**?**
☐ 점심 식사했어?	**Did you** have lunch**?**
☐ 너는 문을 잠갔니? lock	**Did you** lock the door**?**
☐ 예약했어?	**Did you** make a reservation**?**
☐ 잘 잤어?	**Did you** sleep well**?**

082

083

☐ 내가 말했던가?   **Did** I tell you**?**

☐ 내가 너를 방해했니? `disturb`   **Did** I disturb you**?**

☐ 내가 뭐 잘못했니?   **Did** I do something wrong**?**

☐ 내가 너를 깨웠니?   **Did** I wake you up**?**

☐ 곧장 가. `straight`   **Go** straight**.**

☐ 지금 가.   **Go** now**.**

☐ 잠자러 가.   **Go** to sleep**.**

☐ 저리 가! `away`   **Go** away**!**

☐ 조심해라. `careful`   **Be** careful**.**

☐ 인내심을 가져라. `patient`   **Be** patient**.**

☐ 잘 대해 줘.   **Be** nice**.**

☐ 조용히 해라. `quiet`   **Be** quiet**.**

☐ 강해져라.   **Be** strong**.**

☐ 시간을 지켜.   **Be** on time**.**

☐ 걱정하지 마.   **Don't** worry**.**

☐ 멈추지 마.   **Don't** stop**.**

☐ 울지 마.   **Don't** cry**.**

☐ 말도 마.   **Don't** ask**.**

☐ 가지 마.   **Don't** go**.**

□ 잊지 마. forget　　　Don't forget.

□ 그거 하지 마.　　　Don't do that.

□ 놓지 마.　　　Don't let go.

□ 내 탓 하지 마. blame　　　Don't blame me.

□ 귀찮게 하지 마. bother　　　Don't bother me.

□ 포기하지 마.　　　Don't give up.

□ 나를 실망시키지 마. down　　　Don't let me down.

□ 내게 거짓말하지 마.　　　Don't lie to me.

□ 별말씀을요. mention　　　Don't mention it.

□ 강요하지 마. push　　　Don't push me.

□ 아무것도 말하지 마. anything　　　Don't say anything.

□ 시간 낭비하지 마. waste　　　Don't waste your time.

□ 그거 갖고 불평하지 마. complain　　　Don't complain about it.

□ 늦지 마.　　　Don't be late.

□ 무서워하지 마. afraid　　　Don't be afraid.

□ 무례하게 굴지 마. rude　　　Don't be rude.

□ 화내지 마.　　　Don't be angry.

□ 부끄러워하지 마.　　　Don't be shy.

□ 바보같이 굴지 마. silly　　　Don't be silly.

088

☐ 초조해하지 마.	**Don't be** nervous.
☐ 그러지 마.	**Don't be** like that.
☐ 못되게 굴지 마.	**Don't be** so mean.
☐ 나는 기다릴 수 있어.	**I can** wait.
☐ 나는 걸어갈 수 있어.	**I can** walk.
☐ 나는 할 수 있어.	**I can** do it.
☐ 나는 성공할 수 있어. `make`	**I can** make it.
☐ 나는 그것을 해결할 수 있어.	**I can** handle it.
☐ 나는 뭐든 할 수 있어.	**I can** do anything.
☐ 너는 선택할 수 있어.	**You can** choose.
☐ 너는 할 수 있어.	**You can** do it.
☐ 너는 언제든 내게 말해도 돼.	**You can** tell me anytime.
☐ 너는 언제든 내게 연락해도 돼. `contact`	**You can** contact me anytime.
☐ 나는 기다릴 수 없어.	**I can't** wait.
☐ 나는 숨 쉴 수 없어. `breathe`	**I can't** breathe.
☐ 나는 믿을 수 없어.	**I can't** believe it.
☐ 너는 들어갈 수 없어.	**You can't** get in.
☐ 너는 그것을 놓칠 수 없어.	**You can't** miss it.
☐ 너는 여기서 담배 피면 안 돼.	**You can't** smoke here.

089
090
090
091
092

체크하는 법 한글 해석만 읽고 영어로 말할 수 있으면 체크! ✔

☐ 너는 여기서 사진 찍을 수 없어.
　take pictures

You can't take pictures here.

☐ 너는 나를 이길 수 없어. beat

You can't beat me.

☐ 내가 시도해봐도 될까?

Can I try?

☐ 내가 도와줄까?

Can I help you?

☐ 내가 뭐 좀 마실 수 있을까?

Can I have a drink?

☐ 나를 태워다 줄 수 있어?

Can I have a ride?

☐ 내가 침대를 하나 더 이용할 수 있을까?

Can I have an extra bed?

☐ 영수증을 받을 수 있을까? receipt

Can I have the receipt?

☐ 내가 부탁 하나 해도 될까? favor

Can I ask a favor?

☐ 내가 방을 예약할 수 있을까? book

Can I book a room?

☐ 내가 자리를 바꿔도 될까?

Can I change my seat?

☐ 네 전화번호를 알 수 있을까?

Can I have your number?

☐ 내가 나중에 전화해도 될까?

Can I call you later?

☐ 내가 이것을 입어봐도 될까?

Can I try this on?

☐ 내가 여기서 흡연해도 될까?

Can I smoke here?

☐ 내가 들어가도 될까? come in

Can I come in?

☐ 나는 이제 가도 될까?

Can I go now?

☐ 네가 거기까지 걸어서 갈 수 있을까? on foot

Can I go there on foot?

☐ 내가 이것 좀 볼 수 있을까?

Can I see this one?

093

| 내가 질문해도 될까? | **Can I** ask you a question**?** |
| 내가 여기에서 사진 찍어도 될까? | **Can I** take pictures here**?** |

네가 올 수 있어?	**Can you** come**?**
네가 나를 좀 도와줄 수 있어?	**Can you** help me**?**
너는 내 목소리를 들을 수 있어?	**Can you** hear me**?**
너는 천천히 말해줄 수 있어?	**Can you** speak slowly**?**
네가 그것을 할 수 있어?	**Can you** do that**?**
네가 내게 저것 좀 보여줄 수 있어?	**Can you** show me that**?**
너는 내 가방을 보관해줄 수 있어?	**Can you** keep my bags**?**
네가 좋은 식당을 추천해 줄 수 있어? `recommend`	**Can you** recommend a good restaurant**?**
네가 들어줄 수 있어? `hold`	**Can I** hold it**?**
선물용으로 포장해 줄 수 있어? `gift-wrap`	**Can you** gift-wrap it**?**
나를 그곳으로 데려다줄 수 있어?	**Can you** take me there**?**
나를 여기에 내려줄 수 있어? `drop`	**Can you** drop me off here**?**

너는 모든 걸 포기할 수 있어?	**Can you give up** everything**?**
너는 네 자유를 포기할 수 있어?	**Can you give up** your freedom**?**
너는 네 시민권을 포기할 수 있어? `citizenship`	**Can you give up** your citizenship**?**
너는 그녀를 포기할 수 있어?	**Can you give up** on her**?**

| 내가 시도해 볼게. | **I will** try**.** |

체크하는 법 한글 해석만 읽고 영어로 말할 수 있으면 체크! ✓

☐ 나는 돌아올 거야.		**I will** come back.
☐ 나는 너를 찾을 거야.		**I will** find you.
☐ 나는 네가 보고 싶을 거야.		**I will** miss you.
☐ 내가 그에게 얘기해 볼게.		**I will** talk to him.
☐ 내가 집까지 데려다줄게.		**I will** take you home.
☐ 내가 너를 배웅할게.		**I will** walk you out.
☐ 나는 이걸로 고를게.		**I will** choose this.
☐ 나도 같은 거로 줘.		**I will** have the same.
☐ 나는 생각해 볼게.		**I will** think about it.
☐ 나는 그곳에 금방 갈 거야.		**I will** get there soon.
☐ 내가 거기 있을 거야.		**I will be** there.
☐ 나는 밖에 있을 거야. outside		**I will be** outside.
☐ 나는 곧 돌아올 거야. right back		**I will be** right back.
☐ 나는 이곳에 있을게. right here		**I will be** right here.
☐ 너는 알게 될 거야.		**You will** see.
☐ 너는 이것을 좋아할 거야.		**You will** like this.
☐ 너는 괜찮을 거야.		**You will** be okay.
☐ 너는 항상 기억될 거야.		**You will** always be remembered.
☐ 그녀는 머무를 거야.		**She will** stay.

097

098

099

☐ 그녀는 너에게 전화할 거야.	**She will** call you.
☐ 그녀는 거기에 갈 거야.	**She will** go there.
☐ 그녀는 아이를 가질 거야.	**She will** have a baby.
☐ 괜찮을 거야.	**It will be** okay.
☐ 다 잘 될 거야.	**It will be** fine.
☐ 재미있을 거야!	**It will be** fun!
☐ 비가 올 거야.	**It will be** rainy.
☐ 그것은 만료될 거야. expired	**It will be** expired.
☐ 나는 말하지 않을 거야.	**I won't** tell.
☐ 나는 잊지 않을 거야.	**I won't** forget.
☐ 나는 네 말을 듣지 않을 거야.	**I won't** listen to you.
☐ 나는 그걸 참지 않을 거야. tolerate	**I won't** tolerate it.
☐ 너는 후회하지 않을 거야.	**You won't** regret.
☐ 너는 그것을 믿지 않을 거야.	**You won't** believe it.
☐ 너는 청구 받지 않을 거야. charged	**You won't** be charged.
☐ 너는 거기서 안전하지 않을 거야.	**You won't** be safe there.
☐ 그녀는 이해하지 못할 거야.	**She won't** understand.
☐ 그녀는 돌아오지 않을 거야.	**She won't** come back.
☐ 그녀는 너를 실망시키지 않을 거야.	**She won't** let you down.

100

101

102

103

체크하는 법 한글 해석만 읽고 영어로 말할 수 있으면 체크! ✓

104
☐ 그녀는 그의 제안을 받아들이지 않을 거야. accept	She won't accept his proposal.
☐ 네가 해 주겠니?	Will you do that?
☐ 너는 합류할 거야? join	Will you join?
☐ 너는 나를 용서해 주겠니? forgive	Will you forgive me?
☐ 너는 나와 결혼해 주겠니?	Will you marry me?

105
☐ 말 그만해.	Stop talking.
☐ 담배 피우는 걸 그만해.	Stop smoking.
☐ 술 마시는 걸 그만해.	Stop drinking.
☐ 나 괴롭히는 걸 그만해.	Stop picking on me.

106
☐ 멍청하게 구는 것을 그만해.	Stop being stupid.
☐ 심각하게 구는 것을 그만해.	Stop being serious.
☐ 게으르게 구는 것을 그만해. lazy	Stop being lazy.
☐ 부정적으로 구는 것을 그만해. negative	Stop being negative.

107
☐ 나는 이것을 그만할 거야.	I will stop doing this.
☐ 나는 담배 피우는 것을 그만둘 거야.	I will stop smoking.
☐ 나는 불평하는 것을 그만둘 거야.	I will stop complaining.
☐ 나는 놀리는 것을 그만둘 거야. teasing	I will stop teasing.

108
☐ 나는 이것을 그만할 수가 없어.	I cannot stop doing this.
☐ 나는 우는 것을 멈출 수가 없어.	I cannot stop crying.

나는 널 사랑하는 것을 멈출 수가 없어.	I cannot stop loving you.
나는 기침하는 것을 멈출 수가 없어. `coughing`	I cannot stop coughing.
나는 자면서 온종일 시간을 보냈어.	I spent all day sleeping.
나는 공부하면서 온종일 시간을 보냈어.	I spent all day studying.
나는 TV를 보면서 온종일 시간을 보냈어.	I spent all day watching TV.
나는 아무것도 안 하면서 온종일 시간을 보냈어.	I spent all day doing nothing.
나는 공부하느라 바빴어.	I was busy studying.
나는 일하느라 바빴어.	I was busy working.
나는 내 일을 하느라 바빴어.	I was busy doing my job.
나는 손님들을 맞이하느라 바빴어. `greeting`	I was busy greeting guests.
나는 일하느라 밤새웠어.	I stayed up all night working.
나는 영화 보느라 밤새웠어.	I stayed up all night watching movies.
나는 시험을 위해 벼락치기 하느라 밤새웠어. `cramming`	I stayed up all night cramming for the exam.
나는 컴퓨터 게임을 하느라 밤새웠어.	I stayed up all night playing computer games.
너 그거 알아?	(Do) You know what?
창피한 줄 알아.	(It's) Shame on you.
그들 전부야.	All of them.
더 필요한 것 있어?	Anything else?
뭐든지 좋아.	Anything is okay.

109

110

111

112

113

114

115

116

체크하는 법 한글 해석만 읽고 영어로 말할 수 있으면 체크! ✔

117	☐ 뭐든지 가능해.	Anything is possible.
118	☐ 잠시 주목 부탁합니다!	Attention, please!
119	☐ 저것 때문이야.	Because of that.
120	☐ 계산서 주세요.	Bill, please.
121	☐ 둘 다.	Both of them.
122	☐ 언제까지?	By when?
123	☐ 체크인하고 싶습니다.	Check in, please.
124	☐ 체크아웃하고 싶습니다.	Check out, please.
125	☐ 기운 내!	Cheer up!
126	☐ 언제 한 번 나를 보러 와.	Come and see me sometime.
127	☐ 축하해!	Congratulations!
128	☐ 나도 끼워 줘.	Count me in.
129	☐ 나 대신 부탁해.	Cover for me.
130	☐ 효과가 있었어?	Did it work?
131	☐ 네 방식대로 해.	Do it your way.
132	☐ 최선을 다해.	Do your best.
133	☐ 매시 정각이야.	Every hour on the hour.
134	☐ 모든 것이 정상이야.	Everything is all right.
135	☐ 나를 따라 와.	Follow me.

136	☐ 드시고 가세요? 아니면 포장이세요?	For here or to go?
137	☐ 나를 용서해 줘.	Forgive me.
138	☐ 언제부터 언제까지?	From when until when?
139	☐ 안녕하세요 [오전].	Good morning.
	☐ 안녕하세요 [오후].	Good afternoon.
	☐ 안녕하세요 [저녁].	Good evening.
	☐ 잘 자.	Good night.
140	☐ 잘된 일이네.	Good for you.
141	☐ 행운을 빌어!	Good luck to you!
142	☐ 생일 축하해!	Happy birthday!
143	☐ 자세히 봐.	Have a close look.
144	☐ 좋은 하루 보내.	Have a good day.
145	☐ 앉아 주세요.	Have a seat, please.
146	☐ 그는 말이 너무 많아.	He talks too much.
147	☐ 감사합니다.	I appreciate it.
148	☐ 나는 감기에 걸렸어.	I caught a cold.
149	☐ 나는 최선을 다했어.	I did my best.
150	☐ 과연 그럴까.	I doubt it.
151	☐ 즐겁게 머물렀어.	I enjoyed my stay.

152	☐ 나는 네가 부러워.	I envy you.
153	☐ 나는 그것을 잊어버렸어.	I forgot it.
154	☐ 나는 포기할게.	I give up.
155	☐ 알겠어.	I got it.
156	☐ 내가 보증할게.	I guarantee.
157	☐ 이미 아침 먹었어.	I had breakfast already.
158	☐ 내가 이럴 줄 알았지.	I knew it.
159	☐ 나는 그것을 잃어버렸어.	I lost it.
	☐ 나는 핸드폰을 잃어버렸어.	I lost my cellphone.
	☐ 나는 열쇠를 잃어버렸어.	I lost my key.
	☐ 나는 여권을 잃어버렸어. passport	I lost my passport.
160	☐ 인터넷으로 예약했어.	I made a reservation online.
161	☐ 내가 해냈어!	I made it!
162	☐ 나는 네가 그리워.	I miss you.
163	☐ 내가 네게 신세를 한 번 졌어.	I owe you one.
164	☐ 나는 널 믿어.	I trust you.
165	☐ 아침에.	In the morning.
	☐ 밤에.	In the night.
166	☐ 오랜 세월이 흘렀어.	It has been a while.

167	☐	그것은 네게 잘 어울려.	It looks good on you.
168	☐	그건 말이 되네.	It makes sense.
169	☐	좋은 생각이야.	It sounds good.
170	☐	시간이 걸려.	It takes time.
171	☐	약간.	Just a little.
172	☐	거의.	Just about.
173	☐	몸만 와.	Just bring yourself.
174	☐	나한테 맡겨.	Leave it to me.
175	☐	나를 내버려 둬.	Leave me alone.
176	☐	예를 들면 어떤 거?	Like what?
177	☐	편히 있어도 돼.	Make yourself at home.
178	☐	네 여권을 보여 줄래?	May I see your passport?
179	☐	그럴 수도 있고 아닐 수도 있지.	Maybe, maybe not.
180	☐	더 주세요.	More, please.
181	☐	내 잘못이야.	My mistake.
182	☐	옆집이 너무 시끄러워.	My next door is too noisy.
183	☐	휴대폰이 고장 났어.	My phone is out of order.
184	☐	둘 다 아니야.	Neither of them.
185	☐	신경 쓰지 마.	Never mind.

186	☐ 만나서 반가워.	Nice to meet you.
	☐ 다시 만나서 기뻐.	Nice to see you again.
187	☐ 괜찮아.	No, thanks.
188	☐ 그들 모두 아니야.	None of them.
189	☐ 불가능한 것은 없어.	Nothing is impossible.
190	☐ 진실인 것이 없어.	Nothing is true.
191	☐ 한 번 더.	One more time.
192	☐ 그들 중 하나야.	One of them.
193	☐ 택시를 불러 주세요.	Please call a taxi.
	☐ 경찰 좀 불러 주세요.	Please call the police.
	☐ 누구 좀 불러 주세요. someone	Please call someone.
	☐ 나중에 전화해 주세요.	Please call me later.
	☐ 이 번호로 연락 좀 해 주세요.	Please call this number.
194	☐ 병원에 데려다주세요.	Please take me to the hospital.
195	☐ 바로 저기야.	Right there.
196	☐ 각자 계산합니다.	Separate bills.
197	☐ 그녀는 너를 좋아하지 않아.	She doesn't like you.
198	☐ 그녀는 내 취향이야.	She is my type.
199	☐ 그녀는 정말 아름다워.	She is very beautiful.

200	☐ 이곳에 세워 주세요.	Stop here, please.
201	☐ 봐봐.	Take a look.
202	☐ 사진 좀 찍어 주세요.	Take a picture, please.
203	☐ 좀 쉬어.	Take a rest.
204	☐ 앉아.	Take a seat.
205	☐ 건강하게 지내.	Take care.
206	☐ 천천히 해.	Take your time.
207	☐ 저걸로 주세요.	That one, please.
208	☐ 그것들은 서로 달라.	They are different.
	☐ 그것들은 서로 같아.	They are the same.
209	☐ 이걸로 주세요.	This one, please.
210	☐ 날 믿어.	Trust me.
211	☐ 거절해.	Turn it down.
212	☐ 내가 확인할게.	I will check it.
	☐ 내가 내 가방을 확인해 볼게.	I will check my bag.
	☐ 내가 이메일을 확인해 볼게.	I will check my email.
	☐ 내가 세부 사항을 확인해 볼게. details	I will check the details.
213	☐ 나를 봐.	Look at me.
	☐ 이것을 봐.	Look at this.

체크하는 법 한글 해석만 읽고 영어로 말할 수 있으면 체크! ✔

☐ 저것을 봐.　　　　　　　　　　　Look at that.

☐ 사진을 봐.　　　　　　　　　　　Look at the picture.

214

☐ 또 보자.　　　　　　　　　　　See you again.

☐ 다음에 보자.　　　　　　　　　　See you later.

☐ 곧 보자.　　　　　　　　　　　See you soon.

☐ 사무실에서 보자.　　　　　　　　See you in the office.

☐ 공원에서 보자.　　　　　　　　　See you at the park.

☐ 강가에서 보자.　　　　　　　　　See you by the river.

215

☐ 나는 이걸 할 시간이 없었어.　　　I didn't have time to do this.

☐ 나는 공부할 시간이 없었어.　　　I didn't have time to study.

☐ 나는 준비할 시간이 없었어. `prepare`　I didn't have time to prepare.

☐ 나는 너를 도와줄 시간이 없었어.　I didn't have time to help you.

216

☐ 일행이 있니? `company`　　　　　Do you have company?

☐ 영어 메뉴판 있어?　　　　　　　Do you have an English menu?

☐ 한국어 메뉴판 있어?　　　　　　Do you have a Korean menu?

☐ 변환 플러그 있어? `adapter`　　　Do you have an adapter?

☐ 더 큰 사이즈 있니?　　　　　　　Do you have a bigger size?

217

☐ 시간이 있니?　　　　　　　　　Do you have time?

☐ 도와줄 시간이 있니?　　　　　　Do you have time to help?

☐ 너는 이야기할 시간이 있니?	Do you have time to talk?
☐ 너는 독서할 시간이 있니?	Do you have time to read?
☐ 너는 할애할 시간이 있니? spare	Do you have time to spare?
☐ 기다릴 시간이 없어.	There is no time to wait.
☐ 설명할 시간이 없어.	There is no time to explain.
☐ 바꿀 시간이 없어.	There is no time to change.
☐ 쉴 시간이 없어.	There is no time to rest.
☐ 나는 네 말에 동의해.	I agree with you.
☐ 나는 이것에 동의해.	I agree with this.
☐ 나는 그에게 동의해.	I agree with him.
☐ 나는 내 아내에게 동의해.	I agree with my wife.
☐ 나는 네 말에 동의하지 않아.	I don't agree with you.
☐ 나는 이것에 동의하지 않아.	I don't agree with this.
☐ 나는 그들에게 동의하지 않아.	I don't agree with them.
☐ 나는 저 남자에게 동의하지 않아.	I don't agree with that guy.

218

219

220

2

난 Tom 없이도
혼자 여행
할 수 있어.

누군가의 도움을 받지 않고
혼자서 세계 각국을 여행하는 상상을 해 본 적이 있나요?

관광지나 음식점, 숙소로 가는 경로도 이제는 스마트폰이 다 알려 줍니다.
그런데 당신이 원하는 목적지에는 어찌어찌 갔는데, 당신이 원하는 목적을
달성할 수 없다면요?

내가 원하는 것이 무엇인지 정확하게 표현할 수만 있다면, 나 홀로 떠나는
세계여행은 실현 가능한 꿈이 됩니다. 2챕터의 체크리스트에서 당신이 안다고
체크하는 문장이 80% 이상이라면, 당신은 당장 비행기 티켓을 예매해도 됩니다.
그렇지 않다면, 당신은 Tom의 티켓까지 함께 예매해야 합니다.

그러나 비행기가 출발하기 전까지는 아직 많은 시간이 남아있습니다.
아직 모르는 문장이 많다면 체크리스트를 찬찬히 되짚어 보세요.

영어계의 마당발, **부사**

부사는 주로 ~하게로 해석되는 품사입니다.
본래 부사로 태어난 부사도 있지만, 많은 경우 형용사에 ly를 붙이면 부사가 되죠.

+ly

아름다운 beautiful	영리한 smart	조용한 quiet	조심스러운 careful
아름답게 beautifully	영리하게 smartly	조용하게 quietly	조심스럽게 carefully

부사는 **명사를 제외한**
모든 성분을 꾸며주는 품사입니다.
문장의 의미를 더욱
풍부하게 해주는 요소인 것이죠.

★ 부사

She runs fast!
그녀는 빠르게 달린다!

CHECK ☐

부사는 문장의 필수 구성성분이 아니기 때문에 반드시 있어야 하는 것은 아닙니다.
따라서 다른 품사에 비해 위치도 비교적 자유롭습니다.

동사 수식	She 그녀는 주어	runs 달린다 동사	fast. 빠르게 부사	
부사 수식	She 그녀는 주어	runs 달린다 동사	really 정말 부사	fast. 빠르게 부사

전체 문장 수식 Actually, 실제로 부사 She runs really fast. 그녀는 달린다 정말 빠르게 주어 동사 부사 부사

형용사 수식 She 그녀는 주어 is ~이다 동사 so 너무 부사 wonderful. 멋진 형용사

I always drink water.
나는 항상 물을 마신다.

CHECK ☐

공원에 얼마나 자주 가냐고 묻는 질문에 누군가는 **항상**이라고 대답할 것이고
또 다른 누군가는 **가끔**이라고 대답할 것입니다.
어쩌면 **절대** 가지 않는다고 말하는 사람도 있겠죠.
이처럼 **얼마나 자주 어떤 일을 하는지**를 말하는 부사들을 **빈도부사**라고 부릅니다.

100%	always 항상	I always go.	나는 항상 간다.
70~90%	usually 보통, 대개	I usually go.	나는 보통 간다.
40~60%	often 자주	I often go.	나는 자주 간다.
20~30%	sometimes 종종, 가끔	I sometimes go.	나는 가끔 간다.
5~10%	hardly 좀처럼 하지 않는다	I hardly go.	나는 좀처럼 가지 않는다.
0%	never 절대 하지 않는다	I never go.	나는 절대 가지 않는다.

보통의 부사들은 위치가 자유로운 편입니다.
강조하고자 하는 성분이나 문장의 앞에 놓이거나 뒤에 놓이죠.
하지만, **빈도부사**들은 **일반동사의 앞** 혹은 **조동사와 be 동사의 뒤**에 위치합니다.
위치가 특별한 만큼 빈도부사는 여러 시험문제에 자주 등장합니다.
빈도부사의 위치는 꼭 알아두세요.

· I always drink **water.**　　나는 항상 물을 마신다.
　　└─ 일반동사 앞

· I am always **tired.**　　나는 항상 피곤하다.
　　be동사 뒤 ⤴

· I will always **sing.**　　나는 항상 노래할 것이다.
　　조동사 뒤 ⤴

정관사 the와 **부정관사** a / an

관사는 명사 앞에 붙이는 것으로 일종의 형용사입니다.
관사에는 다음의 두 종류가 있습니다.

★ 정관사 the

정확하게 가리킬 때 사용합니다.
다시 말해, 가리키는 대상이나
대상의 범위가 명확할 때 사용합니다.

이를테면... 　1 당신도 아는 그것
　　　　　　 2 방금 전 언급했던 그것
　　　　　　 3 하나밖에 없는 것
　　　　　　 4 하나도 빠짐없이 전부

★ 부정관사 a / an

부정확하게 가리킬 때 사용합니다.
다시 말해, 가리키는 대상이나
대상의 범위가 명확하지 않을 때 사용합니다.

이를테면... 　1 듣는 이가 모르는 것
　　　　　　 2 처음 언급하는 것
　　　　　　 3 아무거나 상관없는 것
　　　　　　 4 아무렇게나 정해도 되는 일부분

불확실한 상황일 때
컵에는 부정관사를 사용했지만,
물에는 부정관사를 사용하지 않았습니다.
물은 셀 수 없는 사물이기 때문입니다.

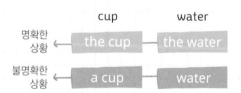

이번에는 정관사, 부정관사 혹은
무관사를 선택하는 과정을
표로 만들어 이해해 보도록 하겠습니다.

이번에는 세 가지 종류의 관사를
영역으로 표시해보았습니다.
역시 첫 번째 기준은 **정확하게 가리키나**입니다.

정확하게 가리키나 ◄

the
a an / Ø

셀 수 있나?

셀 수 있는 명사와 셀 수 없는 명사

명사는 **사람이나 사물의 이름**을 나타내는 품사입니다.
책, 물, *Peter*, 학생... 떠오르는 명사가 수도 없이 많을 것입니다.
그런데 영어의 특이한 점은 이 명사들을 **셀 수 있는 명사**와 **셀 수 없는 명사**로 나눈다는 것입니다.

누군가는 이렇게 물어볼 수도 있습니다.
종이는 셀 수 있지 않나요?
좋은 질문입니다.
종이 한 장을 가위로 100조각으로 잘랐다고 칩시다.
그렇다면 그 조각들은 더 이상 종이가 아닌 걸까요?

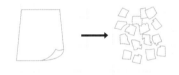

그것들은 여전히 종이입니다. 1장의 종이가 100조각의 종이가 된 거죠.
같은 양의 종이가 어떨 땐 1장, 어떨 땐 100조각으로 불리네요. 즉, 종이는 셀 수 있는 임의의 기준을
가질 뿐 절대적인 기준을 갖진 않습니다. 그래서 셀 수 없는 명사라고 하죠.

컵은 어떨까요?
컵을 100조각으로 나눈다면 그 조각들은 더 이상 컵이 아닙니다.
유리 조각이거나 플라스틱 조각이겠죠.
즉, 컵은 1개라고 불릴만한 절대적인 기준이 있는 것입니다.
그래서 셀 수 있는 명사로 분류됩니다.

같은 원리로 가구 *furniture* 도 영어에선 셀 수 없습니다.
반면, 책상은 셀 수 있죠.
가구 안에는 책상, 의자, 선반, 서랍장 등...
너무나도 많은 가구들이 포함되기 때문에
어디서부터 어디까지를 가구 1개로 잡아야 할지 알 수 없거든요.
반면 책상은 셀 수 있는 기준이 너무나 명확합니다.

목적어가 없는 문장

앞에서 *be*동사와 **일반동사**에 대해 배웠습니다.
그런데 이 둘은 목적어 유무에 따라 두 가지로 나뉩니다.
목적어가 필요한 **타동사**, 목적어가 필요하지 않은 **자동사**로 말이죠.

자동사

위의 세 동사는 대표적인 자동사입니다.
목적어를 나타낼 때 흔히 붙이는 **~을, ~를**을 사용하지 않는 동사들이거든요.
그게 무슨 뜻이냐고요? 다음의 문장과 비교해보겠습니다.

타동사

이 문장은 **~을, ~를**이라는 목적어 표현을 사용하고 있네요.
즉, *love*와 *know*와 *want*는 목적어가 필요한 타동사입니다.

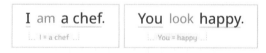

위 두 문장에서는 자동사 뒤에 있는 *a chef*가 *I*를,
*happy*가 *you*를 각각 **보충 설명**해주고 있습니다.
이렇듯 **주어를 보충 설명해주는 성분**을 **보어**라 부릅니다.

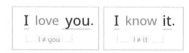

위의 타동사 문장과 다시 한 번 비교해볼까요?
아래 문장에서 *you*와 *it*은 보어가 아닙니다. *I*를 보충 설명해주지 못하니까요.

동사의 변신 1

동사원형 앞에 to를 붙이면 흔히 말하는 to부정사 가 됩니다.
이렇게 만들어진 **to부정사**는 문장 안에서 많은 역할을 합니다.
명사의 역할, 형용사의 역할, 그 외 다양한 부사의 역할이 그것이죠.

★ to부정사 │ 명사 역할

I want to go.
나는 가기를 원한다.

CHECK ☐

*to*부정사는 **명사**처럼 쓰이는 경우가 많습니다.
명사는 문장 안에서 **주어, 목적어, 보어 자리**에 들어가기 때문에
해당 자리에 *to*부정사가 있다면 **~하는 것, ~하기**로 해석하면 됩니다.

원하다   가기
· I want to go.   나는 가기를 원한다.
  동사   명사

수영하는 것   좋은
· To swim is good.   수영하는 것은 좋다.
  명사   형용사

문장 안에서의 명사 │ 명사는 문장 안에서 **주어, 목적어, 보어**의 역할을 할 수 있습니다.

· 주어 ······ The book is over there.   그 책은 저기 있다.
· 목적어 ······ She wants the book.   그녀는 그 책을 원한다.
· 보어 ······ This is the book.   이것이 그 책이다.

---

be동사의 원형 │ 앞서 배운 *am, are, is*등의 be **동사**를 *to*부정사로 만들면
be가 원형이므로 *to be*가 됩니다.
일반동사도 이와 마찬가지로 *to* 뒤에 동사원형을 써 주면 됩니다.

to am, to are, to is, to was, to were ·········· X
to be ·········· O

I need a book to read.

나는 읽을 책 한 권이 필요하다.

CHECK ☐

*to***부정사**는 ~**할, ~하는**의 뜻으로 해석되기도 하며 이때는 형용사처럼 쓰입니다.

형용사는 명사를 꾸며주는 성분이기 때문에,

형용사 역할을 하는 *to***부정사** 역시 **바로 앞의 명사를 꾸며줍니다.**

주의할 것은 다른 형용사들이 명사를 앞이나 뒤에서 꾸며주는 것과는 달리

*to***부정사**는 **오로지 뒤에서만 꾸며줄 수 있다**는 점입니다.

- · 필요하다 책 한 권 읽을
I need a book to read.
  동사 명사 형용사
나는 읽을 책 한 권이 필요하다.

- · 원하다 무엇 마실
I want something to drink.
  동사 명사 형용사
나는 마실 무언가를 원한다.

  I'm sad to hear **the story.**

나는 그 이야기를 들어서 슬프다.

CHECK ☐

부사는 문장에서 명사를 제외한 여러 성분을 꾸민다고 배운 바 있죠.

*to***부정사**는 **부사**로 쓰여 다양한 성분을 꾸미거나 특정한 역할을 합니다.

- · 공부하다 열심히 통과하기 위해 그 시험
I study hard to pass the exam.
  동사 부사 부사 명사
나는 그 시험에 통과하기 위해서
열심히 공부한다. ▶ **목적**

- · 슬픈 ~를 들어서 그 이야기
I'm sad to hear the story.
  형용사 부사 명사
나는 그 이야기를 들어서 슬프다. ▶ **감정의 원인**

- · ~임에 틀림없다 영리한 그렇게 말한 것으로 보아
You must be smart to say so.
  동사 형용사 부사
그렇게 말한 것으로 보아
너는 영리한 것이 틀림없다. ▶ **판단의 근거**

- · 자랐다 결국 ~이 된 선생님
She grew up to be a teacher.
  동사 부사 명사
그녀는 자라서 선생님이 되었다. ▶ **결과**

헷갈리는 부정대명사 정리

부정대명사는 **특정한 사람이나 사물을 지칭하지 않는** 명사입니다.
some, any, all, every, each, none... 이들이 대표적인 부정대명사입니다.
그림을 보며 부정대명사들을 익혀보도록 하겠습니다.

부정대명사에서는 2명일 때와 3명 이상일 때의 표현이 다릅니다.
그래서 전체 인원을 파악한 뒤 표현하는 것이 중요하죠.
그림을 보며 2명일 때의 부정대명사들을 보겠습니다.

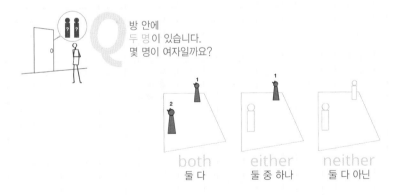

* **부정대명사 each**　　*each*는 *all*이나 *every*처럼 전체를 나타내는 부정대명사입니다.
　　　　　　　　　　　하지만 각각의 대상에 집중하고 싶을 때엔 *each*를 씁니다.

* **every와 any의 비교**　　*every*는 우리가 이미 아는 바와 같이 **모두**를 의미합니다.
　　　　　　　　　　　하지만 *any*는 모두이건 아니건 상관이 없죠.
　　　　　　　　　　　*any*는 **어떤 대상도 차별하지 않는다**는 의미로 사용되는 표현입니다.

이것을 **배워야만 한다**

★ have to | 평서문

I have to go.
나는 가야 한다.

CHECK ☐

어떤 일을 해야 한다라는 의무의 표현에는 *have to* 가 있습니다.
*have to*는 사실 조동사는 아니지만, 마치 **조동사처럼 동사 앞에** 두어야 합니다.
그럼에도 사용법은 조동사 *will*이나 *can*과는 조금 다릅니다.
예를 들면, 의문문을 만들 때는 보통의 일반동사 문장처럼 **맨 앞에** *do*를 붙여야 하죠.

· **Do I** have to **go?**   내가 가야 할까?

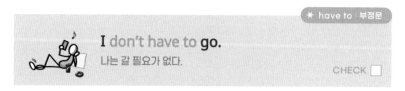

★ have to | 부정문

I don't have to go.
나는 갈 필요가 없다.

CHECK ☐

*have to*의 **부정문**을 만들 때는 *have to* 앞에 *don't*를 붙여줍니다.
이때 부정문의 의미는 **그럴 필요가 없다**는 불필요입니다.
～하지 않을까?, ～아닐까?처럼 **부정의 뉘앙스**로 물어보는 **부정의문문**은
do 대신 *don't*를 붙여주기만 하면 됩니다.

· **Don't I** have to **go?**   내가 가야 하지 않을까?

★ must | 평서문

I must go.
나는 가야 한다.

CHECK ☐

*must*는 *have to*와 같은 의미를 가진 조동사입니다.
어떤 동사에 **그것을 해야 한다**는 의미를 덧붙여 주는 것이죠.

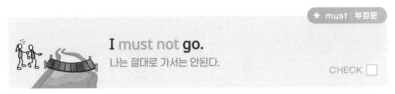

I must not **go.**
나는 절대로 가서는 안된다.

CHECK ☐

*have to*와 달리 *must*는 조동사이기 때문에 사용법이 *will*이나 *can*과 같습니다.
*must*는 *have to*와 의미가 같아서 의문문을 만드는 방법이 따로 없습니다.
그러나 부정문을 만들 때는 *have to*와 의미가 약간 달라집니다.

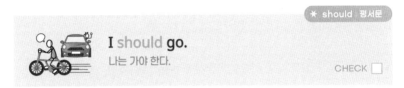

I should **go.**
나는 가야 한다.

CHECK ☐

무언가를 해야만 한다라고 말할 때는
*have to*와 *must* 외에 *should*라는 조동사도 사용할 수 있습니다.

하지만 *should*는 그것을 꼭 해야 한다기보다는,
안 해도 되지만 하는 것이 좋겠다라는 뉘앙스가 강합니다.
그래서 강요할 수 없는 일이거나, 다른 선택지가 있는 일을 권유할 때 씁니다.
하지만 다른 선택지가 있는가 없는가는
매우 주관적인 문제이기 때문에
맞고 틀리고의 문제를 생각하기보다는
말하는 사람의 생각에 따라 사용하면 됩니다.

have to, must	필수
should	선택

또한 *should* 역시 다른 조동사들과 마찬가지로
부정문에서는 *not*이 붙고, 의문문에서는 맨 앞으로 이동합니다.

· I should not **go.**   나는 가지 말아야 한다.

· Should I **go?**   나는 가야 하는가?

추측의 미묘한 차이

그는
화가 난 게 틀림없어.

그는
아마 화가 났을 거야.

그는
화가 났을 수도 있어.

이 세 문장은 비슷하지만, 뉘앙스가 조금씩 다른 의미를 담고 있지요.
각각 다른 조동사의 사용을 통해, 하나의 사건에 대해서도
조금씩 다른 관점으로 말할 수 있습니다.

강한 긍정의 확인 ●	**must**	틀림없이 그렇다
	may	그럴지도 모른다
	can	그럴 수도 있다
	may not	그러지 않을지도 모른다
강한 부정의 확인 ○	**cannot**	절대로 그럴 리가 없다

★ 조동사 | may

It may be true.
그것은 사실일지도 몰라.

CHECK ☐

추측을 나타내는 *must, may, can*을 비교해 보겠습니다. 뉘앙스가 각각 다르죠?
이는 부정문일 때도 마찬가지로,
추측의 조동사는 확신의 정도에 따라 다르게 사용하는 것이 중요합니다.

사실일지도 모른다.
· It may be true.
↳ may not 사실이 아닐지도 모른다.

그것은 사실일 수도 있어.
· It can be true.
↳ cannot 절대 사실일 리 없다

그것은 사실임에 틀림없어.
· It must be true.
↳ must not cannot과 동일하게 해석

앞서 배운 의무의 조동사 *must*는
두 가지 의미로 사용됩니다.
*can*과 *cannot* 역시 마찬가지입니다.

· must ····· 의무 꼭 해야 한다
추측 틀림없이 그렇다

· can ····· 가능 할 수 있다
추측 그럴 수도 있다

· cannot ··· 가능 할 수 없다
추측 절대 그럴 리가 없다

will 말고 또 있다고?

미래를 말하고 싶을 때 조동사 will을 사용한다고 배웠습니다.
하지만 반드시 will만 써야하는 것은 아닙니다. 2가지 방법이 더 있거든요.

★ be going to

I am going to buy you the ring.
나는 너에게 그 반지를 사 줄거야.

CHECK ☐

미래의 추측과 계획에는 *will*과 *be going to* 두 가지 표현을 쓸 수 있습니다.
지금 결심했고 지금 실행할 계획에는 *will*을 사용하고,
예전에 결심했고 곧 실행할 계획, 의지 표현에는 *be going to*를 사용합니다.

will
지금 계획, 지금 실행
계획 실행
I will buy you the ring.
나는 너에게 반지를 사 줄거야.

be going to
예전에 계획
계획 실행
I am going to buy you
the ring.
나는 너에게 반지를 사 줄거야.

★ 현재진행형

I am leaving for Africa.
나는 아프리카로 떠날 거야.

CHECK ☐

즉, *will*과 *be going to*는 **현재 세운 미래의 계획, 또는 마음가짐**이라면,
현재진행형은 **확정된 일정이나 확고한 계획**을 나타냅니다.
변경가능한 계획에는 *will*을 사용하고, **확정된 상태의 계획**에는 *be + ing*를 사용합니다.

will
변경 가능
변경 가능
I will leave for Africa.
나는 아프리카로 떠날 거야.

be + ing
확정
확정
I am leaving for Africa.
나는 아프리카로 떠날 거야.

현재형 동사로 미래를 표현하기

앞서 배운 **be + ~ing** 와 더불어 **현재형 동사**를 **미래를 나타내는 부사**와 함께 사용하여 미래를 나타낼 수 있습니다.

· I leave for Africa next week.
나는 다음 주에 아프리카로 떠날 예정이다.

조동사의 과거형

조동사들은 대부분 과거형을 지닙니다.
조동사의 과거형은 시점에 대한 정보를 주는 것 외에도
여러 기능을 합니다.

can   could
will   would
may   might
shall   should

1 정말 과거를 의미할 때

조동사 원형은 기본적으로 현재 시점을 기준으로 합니다.
그래서 과거를 말하고 싶을 땐 조동사 과거형을 사용하죠.

· I can do it.   나는 그것을 할 수 있다.
· I could do it.   나는 그것을 할 수 있었다.

2 정중하게 표현할 때

상대방에게 조금 더 정중하고 격식있게 말하고 싶을 때 조동사의 과거형을 사용합니다.

· Will you do it?   너는 그것을 할래?
· Would you do it?   당신은 그것을 하실 건가요?

3 가정해서 추측할 때

Level.5 에서 가정법에 대해 배울 것입니다.
간단히 말해보자면 조동사의 과거형을 쓰면 추측의 의미가 됩니다.

· People do it.   사람들은 그것을 한다.
· People would do it.   (만약 ~한다면) 사람들은 그것을 할 것이다.

체크하는 법 한글 해석만 읽고 영어로 말할 수 있으면 체크! ✔

221 ☐ 가자. | Let's go.

☐ 해 보자. | Let's do it.

☐ 먹자. | Let's eat.

☐ 마시자. | Let's drink.

☐ 춤추자. | Let's dance.

☐ 나눠서 하자. share | Let's share.

☐ 외식하자. | Let's eat out.

☐ 건너뛰자 | Let's skip it.

☐ 잠깐 쉬자. | Let's take a break.

☐ 그것에 대해 이야기하자. | Let's talk about it.

☐ 오늘은 이만 끝내자 | Let's call it a day.

222 ☐ 그건 하지 말자. | Let's not do it.

☐ 그 이야기는 하지 말자. | Let's not talk about it.

☐ 시간 낭비하지 말자. | Let's not waste time.

223 ☐ 나는 가고 싶어. | I want to go.

☐ 나는 수영을 하고 싶어. | I want to swim.

☐ 나는 시도해 보고 싶어. | I want to try.

☐ 나는 이것을 하고 싶어. | I want to do this.

☐ 나는 그것을 먹고 싶어. | I want to eat that.

☐ 나는 너와 이야기하고 싶어.	**I want to** talk with you.
☐ 나는 그곳에 가고 싶어.	**I want to** go there.
☐ 나는 집에 가고 싶어.	**I want to** go home.
☐ 나는 좀 쉬고 싶어.	**I want to** get some rest.
☐ 나는 바람을 쐬고 싶어. `air`	**I want to** get some air.

224

☐ 나는 네가 행복하기를 원해.	**I want you to** be happy.
☐ 나는 네가 이해하기를 원해.	**I want you to** understand.
☐ 나는 네가 여기에 머무르기를 원해.	**I want you to** stay here.
☐ 나는 네가 우리와 함께하길 원해.	**I want you to** join us.

225

☐ 나는 이것을 하고 싶지 않아.	**I don't want to** do this.
☐ 나는 듣고 싶지 않아.	**I don't want to** listen.
☐ 나는 그곳에 가고 싶지 않아.	**I don't want to** go there.
☐ 나는 그와 만나고 싶지 않아.	**I don't want to** meet him.
☐ 나는 너를 방해하고 싶지 않아.	**I don't want to** bother you.
☐ 나는 하나라도 놓치고 싶지 않아.	**I don't want to** miss a thing.

226

☐ 나는 네가 포기하는 걸 원하지 않아.	**I don't want you to** give up.
☐ 나는 네가 그를 방문하기를 원하지 않아. `visit`	**I don't want you to** visit him.
☐ 나는 네가 감옥에 가기를 원하지 않아. `jail`	**I don't want you to** go to jail.
☐ 나는 네가 이사 가기를 원하지 않아. `move`	**I don't want you to** move out.

체크하는 법 한글 해석만 읽고 영어로 말할 수 있으면 체크! ✔

227	□ 너는 그것을 하고 싶니?	Do you want to do it?
	□ 너는 그녀를 보고 싶니?	Do you want to see her?
	□ 너는 부자가 되고 싶니?	Do you want to be rich?
	□ 너는 어른이 되고 싶니? `grow up`	Do you want to grow up?
228	□ 너는 내가 머물기를 원하니?	Do you want me to stay?
	□ 너는 내가 죽기를 원하니?	Do you want me to die?
	□ 너는 내가 너와 함께 있기를 원하니?	Do you want me to be with you?
	□ 너는 내가 널 차로 데리러 가기를 원하니?	Do you want me to pick you up?
229	□ 잠시만요.	Wait a moment please.
230	□ 네 휴대폰 좀 빌려줄 수 있어?	Could I borrow your cellphone?
231	□ 확인 좀 해 줄래?	Could you check this?
232	□ 그들 중 몇이야.	Some of them.
233	□ 저것과 비슷한 거야.	Something like that.
234	□ 뭔가 빠졌어.	Something is missing.
	□ 뭔가 잘못됐어.	Something is wrong.
235	□ 에어컨이 작동하지 않아.	The air-conditioner doesn't work.
236	□ 모레.	The day after tomorrow.
237	□ 나는 항상 거기에 가.	I always go there.
	□ 나는 항상 네 생각을 해.	I always think about you.

나는 항상 너를 사랑해.	**I always** love you.
나는 항상 최선을 다해. `do my best`	**I always** do my best.
나는 가끔 거기에 가.	**I sometimes** go there.
나는 가끔 네 생각을 해.	**I sometimes** think about you.
나는 가끔 실수를 해.	**I sometimes** make mistakes.
나는 가끔 어지러워. `dizzy`	**I sometimes** feel dizzy.
나는 항상 여기 있어.	**I am always** here.
나는 항상 행복해.	**I am always** happy.
나는 항상 네 편이야.	**I am always** on your side.
나는 항상 네 팬이야.	**I am always** your fan.
너는 항상 바빠.	**You are always** busy.
너는 항상 늦어.	**You are always** late.
너는 항상 환영이야.	**You are always** welcome.
너는 항상 내 마음속에 있어. `heart`	**You are always** in my heart.
너는 왜 항상 심각해? `serious`	**Why are you always** so serious?
너는 왜 항상 미소를 짓는 거야?	**Why are you always** smiling?
너는 왜 항상 불평하는 거야?	**Why are you always** complaining?
너는 왜 항상 나한테 잔소리하는 거야?	**Why are you always** on me?
나는 거의 이걸 하지 않아.	**I seldom** do this.

238 239 240 241 242

☐ 나는 거의 아침을 먹지 않아.	I seldom have breakfast.
☐ 나는 거의 외식하지 않아. **eat out**	I seldom eat out.
☐ 나는 거의 맥주를 마시지 않아.	I seldom drink beer.
☐ 나는 보통 거기에 가.	I usually go there.
☐ 나는 보통 친구들을 만나.	I usually see my friend.
☐ 나는 보통 일찍 일어나.	I usually get up early.
☐ 나는 보통 향수를 써. **cologne**	I usually wear cologne.
☐ 나는 평소에는 그걸 하지 않아.	I don't usually do that.
☐ 나는 평소에는 술을 마시지 않아.	I don't usually drink.
☐ 나는 평소에는 요리하지 않아.	I don't usually cook.
☐ 나는 평소에는 낯선 사람과 얘기하지 않아. **strangers**	I don't usually talk to strangers.
☐ 나는 너를 믿을 수 없어.	I cannot believe you.
☐ 나는 그녀를 믿을 수가 없어.	I cannot believe her.
☐ 나는 그들을 믿을 수가 없어.	I cannot believe them.
☐ 나는 누구도 믿을 수가 없어.	I cannot believe anyone.
☐ 너는 귀신의 존재를 믿니? **ghosts**	Do you believe in ghosts?
☐ 너는 신의 존재를 믿니?	Do you believe in God?
☐ 너는 운명의 존재를 믿니?	Do you believe in destiny?
☐ 너는 기적의 존재를 믿니?	Do you believe in miracles?

243

244

245

246

247	☐ 그것은 많은 비용이 들어. `a lot of`	It costs a lot of money.
	☐ 그것은 적어도 200달러의 비용이 들어. `at least`	It costs at least 200 dollars.
	☐ 그것은 5달러 이상의 비용이 들어. `more than`	It costs more than five bucks.
	☐ 그것은 저것보다 적은 비용이 들어. `less than`	It costs less than that.
248	☐ 그것은 많은 비용이 들 거야.	It will cost you a lot of money.
	☐ 그것은 50달러 정도의 비용이 들 거야.	It will cost you about 50 dollars.
	☐ 그것은 단 1달러의 비용이 들 거야.	It will cost you only one dollar.
	☐ 그것은 최소 10달러의 비용이 들 거야.	It will cost you at least ten dollars.
249	☐ 그것은 너와 잘 어울려.	It goes well with you.
	☐ 그것은 네 셔츠와 잘 어울려.	It goes well with your shirt.
	☐ 그것은 그녀의 드레스와 잘 어울려.	It goes well with her dress.
250	☐ 너는 직장 일을 잘하고 있어?	Are you doing well with your job?
	☐ 너는 새 직장 일을 잘하고 있어?	Are you doing well with your new job?
	☐ 너는 학교를 잘 다니고 있어?	Are you doing well with school?
	☐ 너는 네 여자 친구와 잘 지내고 있어?	Are you doing well with your girlfriend?
251	☐ 너는 그것을 가져갈 만해.	You deserve to take it.
	☐ 너는 피곤할 만해.	You deserve to be tired.
	☐ 너는 승진할 만해. `promoted`	You deserve to be promoted.
	☐ 너는 상을 받을 만해. `prize`	You deserve to win the prize.

체크하는 법 한글 해석만 읽고 영어로 말할 수 있으면 체크! ✔

252 ☐ 시도해서 나쁜 것은 없잖아. | It doesn't hurt to try.

☐ 질문해서 나쁜 것은 없잖아. | It doesn't hurt to ask.

☐ 친절해서 나쁜 것은 없잖아. | It doesn't hurt to be nice.

☐ 긍정적이어서 나쁜 것은 없잖아. optimistic | It doesn't hurt to be optimistic.

253 ☐ 모두가 알아. | Everybody knows.

☐ 모두가 변해. | Everybody changes.

☐ 모두가 죽어. | Everybody dies.

☐ 모두가 거짓말을 하지. | Everybody lies.

☐ 모두가 그를 사랑해. | Everybody loves him.

☐ 모두가 그를 싫어해. | Everybody hates him.

254 ☐ 그래서 내가 이것을 할 수 있도록. | So I can do this.

☐ 그래서 내가 시험을 통과할 수 있도록. | So I can pass the test.

☐ 그래서 내가 모두를 기억할 수 있도록. | So I can remember everyone.

☐ 그래서 내가 그걸 처리할 수 있도록. | So I can handle it.

255 ☐ 그래서 네가 이것을 할 수 있도록. | So you can do this.

☐ 그래서 네가 시험을 통과할 수 있도록. | So you can pass the test.

☐ 그래서 네가 그걸 안전하게 지킬 수 있도록. | So you can keep it safe.

☐ 그래서 네가 확신하고 믿을 수 있도록. assured | So you can rest assured.

256 ☐ 모두가 동의하지는 않아. | Not everyone agrees.

☐ 모두가 그를 좋아하지는 않아.	**Not everyone** likes him.
☐ 모두가 결혼하지는 않아.	**Not everyone** gets married.
☐ 모두가 천국에 가지는 않아.	**Not everyone** goes to heaven.
☐ 아무도 몰라	**Nobody** knows.
☐ 아무도 신경 쓰지 않아.	**Nobody** cares.
☐ 아무도 나를 사랑하지 않아.	**Nobody** loves me.
☐ 아무도 그를 좋아하지 않아.	**Nobody** likes him.
☐ 나는 내가 맞다고 생각해.	**I think** I am right.
☐ 나는 내가 천재라고 생각해.	**I think** I am a genius.
☐ 나는 그녀가 날 좋아한다고 생각해.	**I think** she likes me.
☐ 나는 그건 네 잘못이라고 생각해.	**I think** it is your fault.
☐ 나는 그녀가 날 사랑한다고 생각하지 않아.	**I don't think** she loves me.
☐ 나는 그가 이해한다고 생각하지 않아.	**I don't think** he understands.
☐ 나는 그게 가능하다고 생각하지 않아.	**I don't think** it is possible.
☐ 나는 그것이 사실이라고 생각하지 않아.	**I don't think** that's true.
☐ 나는 그렇게 생각하지 않아.	**I don't think** so.
☐ 누가 나 좀 도와줘요.	**Somebody please** help me.
☐ 누가 그를 좀 막아주세요.	**Somebody please** stop him.
☐ 누가 경찰 좀 불러주세요.	**Somebody please** call the police.

257
258
259
260

체크하는 법 한글 해석만 읽고 영어로 말할 수 있으면 체크! ✓

☐ 누가 911에 신고 좀 해주세요.	**Somebody please** call 911.
☐ 너는 내가 할 수 있다고 생각해?	**Do you think I can** do it?
☐ 너는 내가 그것을 찾을 수 있다고 생각해?	**Do you think I can** find it?
☐ 너는 내가 그 직장 얻을 수 있다고 생각해?	**Do you think I can** get the job?
☐ 너는 내가 통과할 수 있다고 생각해?	**Do you think I can** pass?
☐ 모두가 괜찮아.	**Everyone is** fine.
☐ 모두가 달라.	**Everyone is** different.
☐ 모두가 평등해. equal	**Everyone is** equal.
☐ 모두가 이기적이야. selfish	**Everyone is** selfish.
☐ 모두 여기 있어요?	**Is everyone** here?
☐ 모두 괜찮니?	**Is everyone** ok?
☐ 모두 준비됐니?	**Is everyone** ready?
☐ 모두 떠나니? leaving	**Is everyone** leaving?
☐ 여기 아무나 있어?	**Is anyone** here?
☐ 거기 아무나 있어?	**Is anyone** there?
☐ 배고픈 사람 있어?	**Is anyone** hungry?
☐ 다친 사람 있어?	**Is anyone** hurt?
☐ 음식을 가진 사람 있어?	**Does anyone have** food?
☐ 질문 있는 사람 있어?	**Does anyone have** questions?

261 262 263 264 265

☐ 좋은 생각이 있는 사람 있어?	**Does anyone have** an idea?
☐ 그녀 번호가 있는 사람 있어?	**Does anyone have** her number?
266 ☐ 내 손을 잡아.	**Hold** my hand.
☐ 그것을 꽉 잡아. `tight`	**Hold** it tight.
☐ 그것을 계속 잡고 있어.	**Hold** onto it.
☐ (전화) 끊지 말고 잠시만 기다려 주세요.	**Hold** on, please.
267 ☐ 나에게 이것을 줘.	**Give me** this.
☐ 나에게 그것을 줘.	**Give me** that.
☐ 나에게 물을 줘.	**Give me** some water.
☐ 나에게 전화를 줘.	**Give me** a call.
☐ 나에게 휴식을 줘. `break`	**Give me** a break.
☐ 좀 깎아 줘. `discount`	**Give me** a discount.
268 ☐ 계속 가.	**Keep** going.
☐ 계속 말해.	**Keep** talking.
☐ 계속 해.	**Keep** it up.
☐ 계속 연락하면서 지내자! `touch`	**Keep** in touch!
☐ 잔돈은 괜찮아.	**Keep** the change.
269 ☐ 계속 너만 알고 있어. `yourself`	**Keep it** to yourself.
☐ 계속 비밀로 해 줘.	**Keep it** a secret.

270 ☐ 계속 가주세요.   Please keep going.

☐ 계속 일해주세요.   Please keep working.

☐ 계속 조용히 해주세요.   Please keep quiet.

☐ 계속 그걸 비밀로 해주세요.   Please keep it a secret.

271 ☐ 운전을 즐겨.   Enjoy driving.

☐ 여행을 즐겨.   Enjoy traveling.

☐ 파티를 즐겨.   Enjoy the party.

☐ 맛있게 먹어. meal   Enjoy your meal.

272 ☐ 내가 그것을 해야 해?   Do I have to do that?

☐ 내가 기다려야 해?   Do I have to wait?

☐ 내가 지금 가야 해?   Do I have to go now?

☐ 내가 그것을 끝내야 해?   Do I have to finish it?

☐ 내가 비용을 지불해야 해?   Do I have to pay for it?

273 ☐ 네가 지금 가야 해?   Do you have to go now?

☐ 네가 이것을 해야 해?   Do you have to do this?

☐ 네가 거기 있어야 해?   Do you have to be there?

☐ 네가 욕실을 사용해야 해?   Do you have to use the bathroom?

274 ☐ 그것을 다 먹는 것이 가능해?   Is it possible to eat them all?

☐ 내 자리를 바꾸는 것이 가능해?   Is it possible to change my seat?

☐ 내 주문을 취소하는 것이 가능해?	Is it possible to cancel my order?
☐ 내 비자를 연장하는 것이 가능해? **extend**	Is it possible to extend my visa?
☐ 오늘 끝내는 것은 불가능해.	It's impossible to finish it today.
☐ 이걸 다 하는 것은 불가능해.	It's impossible to do all this.
☐ 그의 마음을 바꾸는 것은 불가능해.	It's impossible to change his mind.
☐ 과거를 바꾸는 것은 불가능해. **past**	It's impossible to change the past.
☐ 나는 너를 기꺼이 도울 거야.	I would be happy to help you.
☐ 나는 그것을 너에게 기꺼이 줄 거야.	I would be happy to give it to you.
☐ 나는 너를 만나면 반가울 거야.	I would be happy to meet with you.
☐ 내가 기꺼이 참고 자료를 제공해 줄게. **provide**	I would be happy to provide a reference.
☐ 나는 이것에 질렸어.	I am sick and tired of this.
☐ 나는 그에게 질렸어.	I am sick and tired of him.
☐ 나는 네 변명에 질렸어. **excuses**	I am sick and tired of your excuses.
☐ 나는 미혼인 것에 질렸어.	I am sick and tired of being single.
☐ 나는 이것에 진저리가 나.	I am fed up with this.
☐ 나는 너에게 진저리가 나.	I am fed up with you.
☐ 나는 기다리는 것에 진저리가 나.	I am fed up with waiting.
☐ 나는 교통체증에 진저리가 나. **traffic jams**	I am fed up with traffic jams.
☐ 나는 이걸 아무리 해도 절대 안 질려.	I never get tired of doing this.

275
276
277
278
279

☐ 나는 피자를 먹는 것이 절대 안 질려.	I **never get tired of** eating pizza.
☐ 나는 이 영화를 보는 것이 절대 안 질려.	I **never get tired of** watching this movie.
☐ 나는 칭찬 듣는 것이 절대 안 질려.	I **never get tired of** hearing compliments.
☐ 나중에 보자.	I **will see you** later.
☐ 내일 보자.	I **will see you** tomorrow.
☐ 다음 주에 보자.	I **will see you** next week.
☐ 곧 보자.	I **will see you** soon.
☐ 그것에 대해 사과할게.	I **apologize for** it.
☐ 내가 늦은 것에 대해 사과할게.	I **apologize for** being late.
☐ 나의 부재에 대해 사과할게. absence	I **apologize for** my absence.
☐ 내가 불편을 준 것에 대해 사과할게. inconvenience	I **apologize for** the inconvenience.
☐ 그것은 너 때문이야.	It's **because of** you.
☐ 그것은 그 사람 때문이야.	It's **because of** him.
☐ 그것은 돈 때문이야.	It's **because of** money.
☐ 그것은 네 오만함 때문이야. arrogance	It's **because of** your arrogance.
☐ 그것이 나 때문이야?	Is it **because of** me?
☐ 그것이 돈 때문이야?	Is it **because of** money?
☐ 그것이 네 친구 때문이야?	Is it **because of** your friend?
☐ 그것이 내 어머니 때문이야?	Is it **because of** my mother?

280
281
282
283

284 | □ 그것은 전부 네가 늦었기 때문이야. | It's all because you were late.

□ 그것은 전부 네가 날 믿지 않았기 때문이야. | It's all because you didn't believe me.

□ 그것은 전부 네가 거짓말했기 때문이야. | It's all because you lied.

□ 그것은 전부 네가 늦잠을 잤기 때문이야. overslept | It's all because you overslept.

285 | □ 너는 그 목록을 확인했어? | Did you check the list?

□ 너는 날씨를 확인했어? | Did you check the weather?

□ 너는 네 스케줄을 확인했어? schedule | Did you check your schedule?

□ 너는 우리의 예약을 확인했어? | Did you check our reservation?

286 | □ 그가 집에 있는지 확인해 봐. | Check if he is at home.

□ 그녀가 괜찮은지 확인해 봐. | Check if she is alright.

□ 날씨가 좋은지 확인해. | Check if the weather is good.

□ 배터리가 다 떨어졌는지 확인해 봐. dead | Check if the battery is dead.

287 | □ 그것이 거기로 갈 수 있는 유일할 방법이야. | It's the only way to go there.

□ 그것이 이길 수 있는 유일한 방법이야. | It's the only way to win.

□ 그것이 성공할 유일한 방법이야. | It's the only way to succeed.

□ 그것이 그를 구할 유일한 방법이야. | It's the only way to save him.

288 | □ 그것이 실패하지 않을 유일한 방법이야. | It's the only way not to fail.

□ 그것이 패배하지 않을 유일한 방법이야. | It's the only way not to lose.

□ 그것이 잠들지 않을 수 있는 유일한 방법이야. asleep | It's the only way not to fall asleep.

체크하는 법 한글 해석만 읽고 영어로 말할 수 있으면 체크! ✓

☐ 그것이 걸리지 않을 유일한 방법이야.　It's the only way not to get caught.

289

☐ 그것이 거기로 갈 수 있는 최고의 방법이야.　That is the best way to go there.

☐ 그것이 해결할 수 있는 최고의 방법이야. solve　That is the best way to solve it.

☐ 그것이 영어를 배울 최고의 방법이야.　That is the best way to learn English.

☐ 그것이 스트레스를 줄일 최고의 방법이야. reduce　That is the best way to reduce stress.

290

☐ 그를 찾을 방법은 없어.　There is no way to find him.

☐ 그것을 해결할 방법은 없어.　There is no way to solve it.

☐ 도망칠 방법은 없어. escape　There is no way to escape.

☐ 시간을 되돌릴 방법은 없어.　There is no way to turn back time.

291

☐ 그녀와 사랑에 빠지지 않을 방법은 없어.　There is no way not to fall in love with her.

☐ 그를 만나지 않을 방법은 없어.　There is no way not to meet him.

☐ 처벌받지 않을 방법은 없어. punished　There is no way not to be punished.

☐ 나이 들지 않을 방법은 없어.　There is no way not to age.

292

☐ 그를 찾을 방법이 있을까?　Is there any way to find him?

☐ 그것을 해결할 방법이 있을까?　Is there any way to solve it?

☐ 그에게 연락할 방법이 있을까?　Is there any way to contact him?

☐ 그걸 피할 방법이 있을까? avoid　Is there any way to avoid it?

293

☐ 죽지 않을 방법이 있을까?　Is there any way not to die?

☐ 그를 만나지 않을 방법이 있을까?　Is there any way not to meet him?

□ 항복하지 않을 방법이 있을까? `surrender`　　Is there any way not to surrender?

□ 취하지 않을 방법이 있을까?　　Is there any way not to get drunk?

294

□ 저는 당신을 존경해요.　　I look up to you.

□ 저는 그를 존경해요.　　I look up to him.

□ 저는 아내를 존경해요.　　I look up to my wife.

□ 저는 아버지를 존경해요. `father`　　I look up to my father.

295

□ 그것이 네가 옳다는 것을 의미하지는 않아.　　It doesn't mean you are right.

□ 그것이 네가 이것을 할 수 있다는 것을 의미하지는 않아.　　It doesn't mean you can do this.

□ 그것이 내가 널 사랑하지 않는다는 것을 의미하지는 않아.　　It doesn't mean I do not love you.

□ 그것이 내가 네게 관심 있다는 것을 의미하지는 않아.　　It doesn't mean I am into you.

296

□ 나는 그걸 말하려고 의도하지는 않았어.　　I didn't mean to say that.

□ 나는 너에게 상처를 주려고 의도하지는 않았어.　　I didn't mean to hurt you.

□ 나는 널 방해하려고 의도하지는 않았어.　　I didn't mean to disturb you.

□ 나는 그걸 망치려고 의도하지는 않았어. `screw`　　I didn't mean to screw it up.

297

□ 시도하지도 마.　　Don't even try it.

□ 그렇게 말 하지도 마.　　Don't even say that.

□ 내 이름을 부르지도 마.　　Don't even call my name.

□ 차 시동을 걸지도 마.　　Don't even start the car.

298

□ 나는 후회해.　　I regret it.

체크하는 법 한글 해석만 읽고 영어로 말할 수 있으면 체크! ✓

☐	나는 내 문신을 후회해.	**I regret** my tattoo.
☐	나는 내 실수를 후회해.	**I regret** my mistake.
☐	나는 그를 차버린 것을 후회해. `dumping`	**I regret** dumping him.
☐	그것에 대해 생각하지도 마.	**Don't even think about** it.
☐	그녀에 대해 생각하지도 마.	**Don't even think about** her.
☐	여기에 주차하는 것은 생각하지도 마.	**Don't even think about** parking here.
☐	승진은 생각하지도 마.	**Don't even think about** promotion.
☐	너는 후회하니?	**Do you regret** it?
☐	너는 결혼을 후회하니?	**Do you regret** your marriage?
☐	너는 네 과거를 후회하니?	**Do you regret** your past?
☐	너는 그걸 그만둔 것을 후회하니? `quitting`	**Do you regret** quitting it?
☐	이것을 하는 것은 시도하지도 마.	**Don't even try to** do this.
☐	그와 싸우는 것은 시도하지도 마.	**Don't even try to** fight him.
☐	나한테 말 거는 것은 시도하지도 마.	**Don't even try to** talk to me.
☐	나를 판단하려는 것은 시도하지도 마.	**Don't even try to** judge me.
☐	너는 그걸 후회하게 될 거야.	**You will regret** it.
☐	너는 이날을 후회하게 될 거야.	**You will regret** this day.
☐	너는 이것을 산 것을 후회하게 될 거야.	**You will regret** buying this.
☐	너는 그녀와 이혼한 것을 후회하게 될 거야. `divorcing`	**You will regret** divorcing her.

299
300
301
302

□ 나는 그것을 좋아하지도 않아.

I don't even like it.

□ 나는 그게 필요하지도 않아.

I don't even need it.

□ 나는 그것을 알지도 않아.

I don't even know that.

□ 나는 시간이 있지도 않아.

I don't even have time.

□ 너는 그걸 후회하지 않을 거야.

You will not regret it.

□ 너는 네 선택을 후회하지 않을 거야.

You will not regret your choice.

□ 너는 이것을 산 것을 후회하지 않을 거야.

You will not regret buying this.

□ 너는 나를 고용한 것을 후회하지 않을 거야.
`hiring`

You will not regret hiring me.

□ 나는 그것이 기억나지도 않아.

I don't even remember that.

□ 나는 그의 이름이 기억나지도 않아.

I don't even remember his name.

□ 나는 네 실수는 기억나지도 않아.

I don't even remember your mistake.

□ 나는 그 순간이 기억나지도 않아.

I don't even remember the moment.

□ 너는 내 말 듣지 않으면 후회하게 될 거야.

You will regret it if you don't listen to me.

□ 너는 지금 결정하지 않으면 후회하게 될 거야.
`decide`

You will regret it if you don't decide now.

□ 너는 돈을 저축하지 않으면 후회하게 될 거야.

You will regret it if you don't save money.

□ 너는 그와 계약 맺지 않으면 후회하게 될 거야.

You will regret it if you don't sign with him.

□ 너는 나를 알지도 못하잖아.

You don't even know me.

□ 너는 그녀의 이름을 알지도 못하잖아.

You don't even know her name.

□ 너는 사실을 알지도 못하잖아.

You don't even know the truth.

☐ 너는 그것의 반조차 알지도 못하잖아. | You don't even know the half of it.

308

☐ 나는 그것에 대해서는 생각하지도 않았어. | I didn't even think about it.

☐ 나는 나에 대해서는 생각하지도 않았어. | I didn't even think about myself.

☐ 나는 그 문제에 대해서는 생각하지도 않았어. | I didn't even think about that problem.

☐ 나는 결과에 대해서는 생각하지도 않았어. consequences | I didn't even think about the consequences.

309

☐ 넌 이해하려고조차 안 했잖아. | You didn't even try to understand.

☐ 너는 나를 도와주려고 시도조차 하지 않았잖아. | You didn't even try to help me.

☐ 너는 설명하려고 시도조차 하지 않았잖아. | You didn't even try to explain.

☐ 너는 그것을 해결하려고 시도조차 하지 않았잖아. | You didn't even try to work it out.

310

☐ 나는 학교에 늦었어. | I am late for school.

☐ 나는 직장에 늦었어. | I am late for work.

☐ 나는 회의에 늦었어. | I am late for the meeting.

☐ 나는 약속에 늦었어. appointment | I am late for the appointment.

311

☐ 이것은 시도할 가치가 있어. | It's worth trying.

☐ 이것은 구경할 가치가 있어. | It's worth watching.

☐ 이것은 싸워야 할 가치가 있어. | It's worth fighting for.

☐ 이것은 확인해 봐야 할 가치가 있어. | It's worth checking out.

312

☐ 이것은 나에게는 너무 비싸. | It's too expensive for me.

☐ 이것은 학생들에게는 너무 비싸. | It's too expensive for students.

이것은 어린애들에게는 너무 비싸.   It's too expensive for little kids.

이것은 중산층에게는 너무 비싸.   It's too expensive for middle class.

313

이것은 시도할 가치가 없어.   It's not worth trying.

이것은 구경할 가치가 없어.   It's not worth watching.

이것은 숨길 가치가 없어.   It's not worth hiding.

이것은 슬퍼할 가치가 없어.   It's not worth crying over.

314

여기 앉아도 될까요?   Do you mind if I sit here?

제가 당신에게 전화해도 될까요?   Do you mind if I call you?

제가 담배를 피워도 될까요?   Do you mind if I smoke?

제가 부탁 하나 드려도 될까요?   Do you mind if I ask you a favor?

315

네가 맞다고 해 보자.   Let's say you are right.

그게 사실이 아니라고 해 보자.   Let's say it's not true.

그가 여기 있다고 해 보자.   Let's say he is here.

그녀가 널 사랑한다고 해 보자.   Let's say she loves you.

316

무슨 일이 생기는지 지켜보자. `happens`   Let's see what happens.

누가 오고 있는지 지켜보자.   Let's see who is coming.

상황이 어떻게 되는지 지켜보자.   Let's see how it goes.

이 길이 우리를 어디로 이끄는지 지켜보자.   Let's see where this takes us.

317

네가 그녀를 보았다니 다행이야. (행운이야)   You are lucky to see her.

체크하는 법 한글 해석만 읽고 영어로 말할 수 있으면 체크! ✔

☐ 네가 여기 있다니 다행이야.   You are lucky to be here.

☐ 네가 살아남다니 다행이야.   You are lucky to survive.

☐ 네가 고용됐다니 다행이야. (hired)   You are lucky to be hired.

318

☐ 그것은 사실로 밝혀졌어.   It turned out to be true.

☐ 그것은 실수로 밝혀졌어.   It turned out to be a mistake.

☐ 그것은 대단한 것으로 밝혀졌어.   It turned out to be great.

☐ 그것은 끔찍한 것으로 밝혀졌어. (horrible)   It turned out to be horrible.

319

☐ 네가 여기 오지 않았다니 다행이야. (행운이야)   You are lucky not to come here.

☐ 네가 거기에 없다니 다행이야.   You are lucky not to be there.

☐ 네가 늦지 않았다니 다행이야.   You are lucky not to be late.

☐ 네가 그녀를 만나지 않았다니 다행이야.   You are lucky not to meet her.

320

☐ 네가 이걸 하다니 미쳤구나.   You are crazy to do this.

☐ 네가 그걸 말하다니 미쳤구나.   You are crazy to say that.

☐ 네가 그것을 전부 먹다니 미쳤구나.   You are crazy to eat them all.

☐ 네가 제안을 거절하다니 미쳤구나. (turn down)   You are crazy to turn down the offer.

321

☐ 그가 가게 해주다니 너는 미친 게 틀림없어.   You must be crazy to let him go.

☐ 그 돈을 잃어버리다니 너는 미친 게 틀림없어.   You must be crazy to lose the money.

☐ 카메라를 잃어버렸다니 너는 미친 게 틀림없어.   You must be crazy to lose the camera.

☐ 직장을 그만두다니 너는 미친 게 틀림없어.   You must be crazy to quit your job.

322	☐ 너를 만나서 반가워.	**It's nice to** meet you.
	☐ 그 얘기를 듣게 돼서 기뻐.	**It's nice to** hear that.
	☐ 너와 일해서 기뻐.	**It's nice to** work with you.
	☐ 네 이메일을 받아서 기뻐. `receive`	**It's nice to** receive your email.
323	☐ 그걸 사는 건 미친 짓이야.	**It's crazy to** buy that.
	☐ 여기서 뛰어내리는 것은 미친 짓이야. `jump`	**It's crazy to** jump from here.
	☐ 음주운전을 하는 것은 미친 짓이야.	**It's crazy to** drink and drive.
	☐ 그에게 거는 것은 미친 짓이야.	**It's crazy to** bet on him.
324	☐ 말하기는 쉽지.	**It's easy to** say.
	☐ 이해하기 쉬워.	**It's easy to** understand.
	☐ 찾기 쉬워.	**It's easy to** find.
	☐ 기억하기 쉬워.	**It's easy to** remember.
325	☐ 그에게 말하는 것은 쉽지 않아.	**It's not easy to** tell him.
	☐ 결정하는 것은 쉽지 않아.	**It's not easy to** decide.
	☐ 잊는 것은 쉽지 않아.	**It's not easy to** forget.
	☐ 그것을 바로잡는 것은 쉽지 않아.	**It's not easy to** make it right.
326	☐ 숨을 쉬는 것이 어려워.	**It's hard to** breathe.
	☐ 미안하다고 말하는 것은 어려워.	**It's hard to** say sorry.
	☐ 작별 인사를 하는 것은 어려워.	**It's hard to** say good bye.

체크하는 법 | 한글 해석만 읽고 영어로 말할 수 있으면 체크! ✓

☐ 직장을 구하는 것은 어려워.	**It's hard to** get a job.
327 ☐ 그걸 하는 것은 어렵지 않아.	**It's not hard to** do it.
☐ 그를 도와주는 것은 어렵지 않아.	**It's not hard to** help him.
☐ 씹는 것은 어렵지 않아. `chew`	**It's not hard to** chew.
☐ 협상하는 것은 어렵지 않아. `negotiate`	**It's not hard to** negotiate.
328 ☐ 울어도 괜찮아.	**It's okay to** cry.
☐ 그에게 말해도 괜찮아.	**It's okay to** tell him.
☐ 그것을 만져도 괜찮아.	**It's okay to** touch it.
☐ 술 취해도 괜찮아.	**It's okay to** get drunk.
329 ☐ 다 먹어도 괜찮아?	**Is it okay to** eat them all?
☐ 여기에 주차해도 괜찮아?	**Is it okay to** park here?
☐ 일찍 출발해도 괜찮아?	**Is it okay to** leave early?
☐ 그것들을 교환해도 괜찮아? `exchange`	**Is it okay to** exchange them?
330 ☐ 사용해도 될까?	**Is it all right to** use it?
☐ 그걸 꺼도 될까?	**Is it all right to** turn it off?
☐ 여기에서 흡연해도 될까?	**Is it all right to** smoke here?
☐ 이걸 삭제해도 될까?	**Is it all right to** delete this?
331 ☐ 빨리 그날이 왔으면 좋겠어.	**I cannot wait for** that day.
☐ 빨리 크리스마스가 오면 좋겠어.	**I cannot wait for** Christmas.

□ 빨리 파티를 했으면 좋겠어.　　I cannot wait for the party.

□ 빨리 여름이 오면 좋겠어.　　I cannot wait for summer.

332 □ 빨리 그곳에 가고 싶어.　　I cannot wait to go there.

□ 빨리 너를 다시 보고 싶어.　　I cannot wait to see you again.

□ 빨리 은퇴하고 싶어. retire　　I cannot wait to retire.

□ 빨리 결혼하고 싶어.　　I cannot wait to get married.

333 □ 나는 그가 도착할 때까지 기다릴 수 없어.　　I cannot wait until he arrives.

□ 나는 네가 그것을 끝낼 때까지 기다릴 수 없어.　　I cannot wait until you finish it.

□ 내가 20살이 될 때까지 기다릴 수 없어.　　I cannot wait until I turn 20.

□ 나는 개학할 때까지 기다릴 수 없어.
school starts　　I cannot wait until school starts.

334 □ 나는 그것에 관심 없어.　　I don't care about it.

□ 나는 너에 대해 관심 없어.　　I don't care about you.

□ 나는 다른 사람들에 대해 관심 없어.　　I don't care about others.

□ 나는 내일은 관심 없어.　　I don't care about tomorrow.

335 □ 나는 그것에 대한 의심이 들어.　　I have doubts about it.

□ 나는 그녀의 생각에 대한 의심이 들어.　　I have doubts about her thinking.

□ 나는 그의 능력에 대한 의심이 들어. ability　　I have doubts about his ability.

□ 나는 그들의 관계에 대한 의심이 들어.
relationship　　I have doubts about their relationship.

336 □ 나는 네가 뭘 했는지 관심 없어.　　I don't care what you did.

☐ 나는 그가 뭘 좋아하는지 관심 없어.　　I don't care what he likes.

☐ 나는 사람들이 뭐라고 하는지 관심 없어.　　I don't care what people say.

☐ 나는 이제 무슨 일이 생기는지 관심 없어.　　I don't care what happens anymore.

337

☐ 나는 그것에 대해 궁금해.　　I am curious about it.

☐ 나는 당신에 대해 궁금해.　　I am curious about you.

☐ 나는 모든 것에 대해 궁금해.　　I am curious about everything.

☐ 나는 네 의견에 대해 궁금해.　　I am curious about your opinion.

338

☐ 누가 그것에 대해 신경 쓰겠어?　　Who cares about it?

☐ 누가 너의 스타일에 대해 신경 쓰겠어?　　Who cares about your style?

☐ 누가 외모에 대해 신경 쓰겠어? appearance　　Who cares about appearance?

☐ 누가 그의 죽음에 대해 신경 쓰겠어?　　Who cares about his death?

339

☐ 나는 이것이 미심쩍어.　　I am suspicious of this.

☐ 나는 모든 사람이 미심쩍어.　　I am suspicious of everybody.

☐ 나는 내 남자친구가 미심쩍어.　　I am suspicious of my boyfriend.

☐ 나는 그의 동기가 미심쩍어. motives　　I am suspicious of his motives.

340

☐ 너는 왜 그것에 대해 신경 써?　　Why do you care about that?

☐ 너는 왜 나에 대해 신경 써?　　Why do you care about me?

☐ 너는 왜 그에 대해 신경 써?　　Why do you care about him?

☐ 너는 왜 이 문제에 대해 신경 써? issue　　Why do you care about this issue?

□ 나는 이게 진짜인지 의심스러워.　　I doubt if this is real.

□ 나는 그녀가 정직한지 의심스러워.　　I doubt if she is honest.

□ 나는 그녀가 날 사랑하는지 의심스러워.　　I doubt if she loves me.

□ 나는 그가 오는지 의심스러워.　　I doubt if he will come.

□ 나는 차를 사는 것을 생각 중이야.　　I am thinking of buying a car.

□ 나는 스페인어 공부하는 것을 생각 중이야.　　I am thinking of studying Spanish.

□ 나는 이사하는 것을 생각 중이야.　　I am thinking of moving.

□ 나는 내 일을 그만두는 것을 생각 중이야.　　I am thinking of quitting my job.

□ 그것에 대해서는 의심의 여지가 없어.　　There is no doubt about it.

□ 네 능력에 대해서는 의심의 여지가 없어.　　There is no doubt about your ability.

□ 그의 성공에 대해서는 의심의 여지가 없어.　　There is no doubt about his success.

□ 승자에 대해서는 의심의 여지가 없어.　　There is no doubt about the winner.

□ 내가 그걸 처리할게.　　I will take care of it.

□ 내가 그 문제를 처리할게.　　I will take care of that problem.

□ 내가 계산할게. `bill`　　I will take care of the bill.

□ 내가 불만을 처리할게. `complaint`　　I will take care of the complaint.

□ 나는 차 사는 것을 고려하는 중이야.　　I am considering buying a car.

□ 나는 내 집을 파는 것을 고려하는 중이야.　　I am considering selling my house.

□ 나는 이혼하는 것을 고려하는 중이야.　　I am considering divorcing.

체크하는 법 한글 해석만 읽고 영어로 말할 수 있으면 체크! ✓

	☐ 나는 그녀와 헤어지는 것을 고려하는 중이야.	I am considering breaking up with her.
346	☐ 네가 옳다는 것에 의심의 여지가 없어.	There is no doubt that you are right.
	☐ 그가 좋은 사람이라는 것에 의심의 여지가 없어.	There is no doubt that he is a good man.
	☐ 그녀가 이길 것이라는 것에 의심의 여지가 없어.	There is no doubt that she will win.
	☐ 그가 성공할 것이라는 것에 의심의 여지가 없어.	There is no doubt that he will succeed.
347	☐ 너는 그것에 대해 어떻게 생각해?	What do you think about it?
	☐ 너는 나에 대해 어떻게 생각해?	What do you think about me?
	☐ 너는 그 나라에 대해 어떻게 생각해? county	What do you think about the county?
	☐ 너는 낙태에 대해 어떻게 생각해? abortion	What do you think about abortion?
348	☐ 너는 왜 내가 그것을 할 것으로 생각해?	Why do you think I will do that?
	☐ 너는 왜 내가 너와 결혼할 것으로 생각해?	Why do you think I will marry you?
	☐ 너는 왜 내가 너를 고용할 것으로 생각해?	Why do you think I will hire you?
	☐ 너는 왜 내가 포기할 것으로 생각해?	Why do you think I will give up?
349	☐ 너는 내가 누구라고 생각해?	Who do you think I am?
	☐ 너는 네가 누구라고 생각해?	Who do you think you are?
	☐ 너는 그녀가 누구라고 생각해?	Who do you think she is?
	☐ 너는 그가 누구라고 생각해?	Who do you think he is?
350	☐ 내가 그걸 끝낼 것을 네게 약속할게.	I promise you to finish it.
	☐ 내가 돌아올 것을 네게 약속할게. return	I promise you to return.

☐	내가 이 비밀 지킬 것을 네게 약속할게.	I promise you to keep a secret.
☐	내가 그녀를 돌볼 것을 네게 약속할게. `take care of`	I promise you to take care of her.
☐	너는 그걸 하기로 약속했잖아.	You promised to do it.
☐	너는 그것을 끝내겠다고 약속했잖아.	You promised to finish it.
☐	너는 집에 있기로 약속했잖아.	You promised to stay home.
☐	너는 담배를 끊기로 약속했잖아.	You promised to stop smoking.
☐	너는 그곳에 가지 않기로 약속했잖아.	You promised not to go there.
☐	너는 나에게 상처 주지 않기로 약속했잖아.	You promised not to hurt me.
☐	너는 늦지 않기로 약속했잖아.	You promised not to be late.
☐	너는 그것을 다신 하지 않기로 약속했잖아.	You promised not to do it again.
☐	기다리겠다고 내게 약속해.	Promise me to wait.
☐	돌아오겠다고 내게 약속해.	Promise me to come back.
☐	조심하겠다고 내게 약속해.	Promise me to be careful.
☐	안전하게 있을 거라고 내게 약속해.	Promise me to be safe.
☐	그곳에 가지 않겠다고 내게 약속해.	Promise me not to go there.
☐	그녀에게 말하지 않겠다고 내게 약속해.	Promise me not to tell her.
☐	그것을 잊지 않겠다고 내게 약속해.	Promise me not to forget it.
☐	그걸 폭로하지 않겠다고 내게 약속해. `reveal`	Promise me not to reveal it.
☐	나는 그것에 대해 유감이야.	I am sorry about it.

351
352
353
354
355

체크하는 법 한글 해석만 읽고 영어로 말할 수 있으면 체크! ✔

☐ 나는 내 실수에 대해 유감이야.	I am sorry about my mistake.
☐ 나는 네 상실에 대해 유감이야.	I am sorry about your loss.
☐ 나는 일어난 일에 대해 유감이야.	I am sorry about what happened.
☐ 내가 늦어서 미안해.	I am sorry to be late.
☐ 내가 너에게 상처를 줘서 미안해.	I am sorry to hurt you.
☐ 내가 너를 재촉해서 미안해. rush	I am sorry to rush you.
☐ 내가 너를 귀찮게 해서 미안해.	I am sorry to bother you.
☐ 이것이 내가 가진 전부야.	This is all I have.
☐ 이것이 내가 필요로 하는 전부야.	This is all I need.
☐ 이것이 내가 할 수 있는 전부야.	This is all I can do.
☐ 이것이 우리가 아는 전부야.	This is all we know.
☐ 나는 너를 만나서 기뻐.	I am glad to see you.
☐ 나는 그 소식을 들어서 기뻐.	I am glad to hear that.
☐ 나는 네게 알리게 돼서 기뻐. inform	I am glad to inform you.
☐ 나는 도움이 돼서 기뻐.	I am glad to be of help.
☐ 나는 너를 보게 되어서 기뻐.	I am happy to see you.
☐ 나는 그 소식을 들어서 기뻐.	I am happy to hear that.
☐ 나는 너를 알게 되어서 기뻐.	I am happy to know you.
☐ 나는 다시 널 보게 되어서 기뻐.	I am happy to see you again.

356
357
358
359

☐ 나는 돌아와서 기뻐.	I am happy to be back.
☐ 나는 너를 도우려고 여기에 왔어.	I am here to help you.
☐ 나는 너와 이야기하려고 여기에 왔어.	I am here to talk with you.
☐ 나는 네게 경고하려고 여기에 왔어. warn	I am here to warn you.
☐ 나는 너를 지지하려고 여기에 왔어. support	I am here to support you.
☐ 나는 그것에 대해 얘기하려고 여기에 오지 않았어.	I am not here to talk about it.
☐ 나는 너와 싸우려고 여기에 오지 않았어.	I am not here to fight with you.
☐ 나는 논쟁하려고 여기에 오지 않았어. argue	I am not here to argue.
☐ 나는 너를 즐겁게 해주려고 여기에 오지 않았어. entertain	I am not here to entertain you.
☐ 나는 요가에 관심 있어.	I am interested in yoga.
☐ 나는 재즈 음악에 관심 있어.	I am interested in jazz music.
☐ 나는 커플 댄스에 관심 있어.	I am interested in couple dance.
☐ 나는 모델 일에 관심 있어.	I am interested in modeling.
☐ 나는 클래식 음악에 관심 없어.	I am not interested in classical music.
☐ 나는 연애에 관심 없어.	I am not interested in a relationship.
☐ 나는 다른 사람에 관해 이야기하는 것에 관심 없어.	I am not interested in talking about other people.
☐ 나는 성관계에 관심 없어.	I am not interested in having sex.
☐ 너는 나에게 관심 있니?	Are you interested in me?
☐ 너는 그녀한테 관심 있니?	Are you interested in her?

360
361
362
363
364

체크하는 법 한글 해석만 읽고 영어로 말할 수 있으면 체크! ✓

□ 너는 정치에 관심 있니? politics
Are you interested in politics?

□ 너는 음식 사업에 관심 있니? business
Are you interested in food business?

365 □ 너는 내 말에 동의하니?
Do you agree with me?

□ 너는 그에게 동의하니?
Do you agree with him?

□ 너는 그녀에게 동의하니?
Do you agree with her?

□ 너는 그들에게 동의하니?
Do you agree with them?

366 □ 너는 내가 틀렸다고 말할지도 몰라.
You may say I am wrong.

□ 너는 네가 바빴다고 말할지도 몰라.
You may say you were busy.

□ 너는 내가 몽상가라고 말할지도 몰라.
You may say I am a dreamer.

□ 너는 그게 나 때문이라고 말할지도 몰라.
You may say it is because of me.

367 □ 아마 아닐지도 몰라.
Maybe not.

□ 아마도 그렇겠지.
Maybe yes.

□ 아마도 다음 기회에.
Maybe later.

□ 아마도 다음번에.
Maybe next time.

368 □ 아마도, 너는 좋아하지 않을 거야.
Maybe, you would not like it.

□ 아마도, 너는 그것을 원하지 않을 거야.
Maybe, you would not want it.

□ 아마도, 너는 관심 있지 않을 거야.
Maybe, you would not be interested.

□ 아마도, 너는 그렇게 불편하지 않을 거야.
uncomfortable
Maybe, you would not feel so uncomfortable.

369 □ 너는 그것을 좋아하지 않을지도 몰라.
You may not like it.

□ 너는 그것을 원하지 않을지도 몰라.   **You may not** want it.

□ 너는 이게 필요하지 않을지도 몰라.   **You may not** need this.

□ 너는 환영받지 않을지도 몰라.   **You may not** be welcome.

370

□ 너는 방을 나가도 돼.   **You may leave** the room.

□ 너는 집을 떠나도 돼.   **You may leave** the house.

□ 너는 사무실을 떠나도 돼.   **You may leave** the office.

□ 너는 건물을 떠나도 돼.   **You may leave** the building.

371

□ 나는 외로워.   **I feel** lonely.

□ 나는 기분이 좋아.   **I feel** great.

□ 나는 어색해. `awkward`   **I feel** awkward.

□ 나는 막막해.   **I feel** lost.

372

□ 나는 행복하지 않아.   **I don't feel** happy.

□ 나는 우울하지 않아. `gloomy`   **I don't feel** gloomy.

□ 나는 질투나지 않아. `jealous`   **I don't feel** jealous.

□ 나는 부담스럽지 않아. `burdened`   **I don't feel** burdened.

373

□ 네가 그것을 했니?   **Did you** do it?

□ 네가 그것을 원했니?   **Did you** want it?

□ 네가 그것을 샀니?   **Did you** buy it?

□ 네가 그것을 팔았니?   **Did you** sell it?

체크하는 법 한글 해석만 읽고 영어로 말할 수 있으면 체크! ✔

☐ 네가 그것을 끝냈니?		**Did you** finish **it?**
☐ 네가 그것이 마음에 들었니?		**Did you** like **it?**
☐ 네가 그것을 해냈니?		**Did you** make **it?**

374

☐ 너는 살이 쪘어.		**You got** fat.
☐ 너는 나이가 들었어.		**You got** old.
☐ 너는 더욱 나아졌어. `better`		**You got** better.
☐ 너는 영리해졌어.		**You got** smart.

375

☐ 네가 감당할 수 있는 가격이니?　　**Is it affordable for you?**

376

☐ 나 자신을 믿어.		**Believe in** myself.
☐ 카르마를 믿어.		**Believe in** karma.
☐ 내 친구들을 믿어.		**Believe in** my friends.
☐ 사후세계를 믿어. `life hereafter`		**Believe in** a life hereafter.

377

☐ 네가 갖고 싶은 거 있어?		**Anything** you want**?**
☐ 네가 좋아하는 거 있어?		**Anything** you like**?**
☐ 네가 필요했던 거 있어?		**Anything** you needed**?**
☐ 내가 할 수 있는 거 있어?		**Anything** I can do**?**

378

☐ 나는 그것이 끝나있길 원해.		**I want it** done.
☐ 나는 그것이 고쳐져 있길 원해.		**I want it** fixed.
☐ 나는 그것이 다림질이 되었길 원해. `ironed`		**I want it** ironed.

☐ 나는 그것이 배달되었길 원해. **delivered**	I want it delivered.
☐ 너는 그것이 필요하니?	Do you need it?
☐ 네 휴대폰이 필요하니?	Do you need your phone?
☐ 네 지갑이 필요하니?	Do you need your wallet?
☐ 돈이 필요하니?	Do you need some money?
☐ 너는 뭐 필요한 거 있니?	Do you need anything?
☐ 이것이 네 것이니?	Is this yours?
☐ 이것이 네 가방이니?	Is this your bag?
☐ 이것이 올바른 길이니?	Is this the right way?
☐ 네, 이것은 제 것입니다.	Yes, this is mine.
☐ 네, 이것은 그의 것입니다.	Yes, this is his.
☐ 네, 이것이 맞습니다.	Yes, this is right.
☐ 네, 이것이 사실입니다.	Yes, this is the truth.
☐ 너는 기뻐 보여	You seem happy.
☐ 너는 슬퍼 보여.	You seem sad.
☐ 너는 피곤해 보여	You seem tired.
☐ 너는 신나 보여	You seem excited.
☐ 여행하는 것은 재미있어.	Traveling is fun.
☐ 조깅하는 것은 재미있어.	Jogging is fun.

379
380
381
382
383

체크하는 법 한글 해석만 읽고 영어로 말할 수 있으면 체크! ✓

☐ 축구를 하는 것은 재미있어.	Playing soccer is fun.
☐ 트럭을 운전하는 것은 재미있어.	Driving a truck is fun.

384

☐ 우리는 공부해야 해.	We should study.
☐ 우리는 배워야 해.	We should learn.
☐ 우리는 그것을 해야 해.	We should do it.
☐ 우리는 그것을 잊어야 해.	We should forget it.

385

☐ 내가 원하는 것은 이게 전부야.	All I want is this.
☐ 내가 원했던 것은 이게 전부야.	All I wanted is this.
☐ 내가 배운 것은 이게 전부야.	All I learned is this.
☐ 내가 가진 것은 이게 전부야.	All I have got is this.

386

☐ 말하는 것을 멈춰줄 수 있니?	Could you stop talking?
☐ 음주를 멈춰줄 수 있니?	Could you stop drinking?
☐ 바보같이 구는 것을 멈춰줄 수 있니?	Could you stop being silly?
☐ 휴대폰을 사용하는 것을 멈춰줄 수 있니?	Could you stop using your phone?

387

☐ 네가 옳았어.	You were right.
☐ 너는 내 모든 것이었어.	You were my everything.
☐ 너는 내 가장 친한 친구였어.	You were my best friend.
☐ 너는 나의 적이었어. enemy	You were my enemy.
☐ 너는 우리의 희망이었어.	You were our hope.

388

☐ 날씨가 더울 거야. It's going to be hot.

☐ 날씨가 추울 거야. It's going to be cold.

☐ 날씨가 흐릴 거야. It's going to be cloudy.

☐ 견딜 수 없을 거야. [unbearable] It's going to be unbearable.

389

☐ 너는 행복해야 해. You should be happy.

☐ 너는 고마워해야 해. You should be thankful.

☐ 너는 긍정적이어야 해. [positive] You should be positive.

☐ 너는 충실해야 해. [faithful] You should be faithful.

390

☐ 내가 무엇을 입어야 해? What should I wear?

☐ 내가 무엇을 물어봐야 해? What should I ask?

☐ 내가 그들에게 무엇을 가져다줘야 해? What should I get them?

391

☐ 네 것이 쉬워 보여. Yours look easy.

☐ 네 것이 무거워 보여. Yours look heavy.

☐ 네 것이 가벼워 보여. Yours look light.

☐ 네 것이 패셔너블해 보여. [fashionable] Yours look fashionable.

3

난 Tom의 질문에
YES와 NO로만
대답하지 않아.

우리가 Tom에게 듣고 싶은 질문이 있다면,
그것은 우리가 대답하기 쉬운 질문일 겁니다.

"너 나랑 카페 갈래?"
"응."
"너 식사는 했니?"
"아니."

그러나 우리가 Tom과의 관계를 이어가려면 우리는 조금 더 깊이 있는 대화를
나누어야 합니다. 그때 우리가 이 단원에서 배운 의문사는 서로에 관한
고급 정보를 얻을 수 있는 무기가 되죠.

3챕터의 체크리스트에서 당신이 안다고 체크하는 문장이 80% 이상이라면,
당신은 Tom에 대해 속속들이 잘 아는 '진짜 친구'가 될 수 있습니다.
그렇지 않다면, Tom은 당신의 친구가 아니라 지인에 불과하겠죠.

의문사

물론 의문사가 없어도 의문문을 만들 수 있어요.
"이 내용이 맞아? 틀려?" 하고 묻는 방식에는 의문사가 없죠.

"코끼리는 사과를 먹습니까?"

누가 이런 질문을 해온다면 *예* 혹은 *아니오*로 대답해야 합니다.
그래서 이러한 방식의 의문문을 **Yes, No 의문문**이라고 부릅니다.
이번에는 두 번째 방법을 사용한 문장들을 살펴보겠습니다.

코끼리는 언제 사과를 먹습니까?
코끼리는 어디에서 사과를 먹습니까?
누가 사과를 먹습니까?
코끼리는 무엇을 먹습니까?
코끼리는 어떻게 사과를 먹습니까?
코끼리는 왜 사과를 먹습니까?

이 문장들은 *예* 혹은 *아니오*로
대답할 수 없습니다.
반드시 특정한 대답을 해야하죠.
이런 의문문을 의문사 의문문이라고 합니다.
그리고 이들은 문장에서 어떤 한 단어를
의문사가 대체하며 만들어집니다.

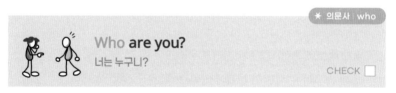

★ 의문사 | who

Who **are you?**
너는 누구니?

CHECK ☐

꼭 알아야 할 의문사의 특징 한 가지는
의문사가 **문장 혹은 절의 앞으로**
이동해야 한다는 것입니다.

You are Jack .

yes, no 의문문
만드는 방법과 동일

Are you Jack ?

단어를 대신해
의문사를 넣기

Are you who ?

의문사를
맨 앞으로 이동

Who are you ?

What **is this?**
이것은 무엇이니?

CHECK ☐

알고자 하는 대상이 사람일 때 *who*를 사용했다면, **사물일 때는** *what*을 씁니다.
*who*가 **누구**를 대신하는 의문사라면, *what*은 **무엇**을 대신하는 의문사인 것이죠.
사물을 대신하는 의문사인 *what* 역시 어떤 단어나 표현을 의문사가 대체합니다.

What book **do you like?**
너는 어떤 책을 좋아하니?

CHECK ☐

*what*은 단독으로 **무엇**이라는 의미로 쓰이기도 하지만,
명사 바로 앞에 놓여 **어떤**이라는 뜻으로도 쓰입니다.

- What **do you like?** 너는 무엇을 좋아하니?
- What color **do you like?** 너는 어떤 색깔을 좋아하니?
  명사

복합의문사 | 의문사에 *ever*를 붙여 부사절을 만들면
어떤 상황이든 상관없음을 나타낼 수 있습니다.

- Whatever you buy me, I will still break up with you.
  나에게 뭘 사주든, 너와 헤어질 거야.

- Whoever I work with, People always say that
  I am the most responsible person there.
  제가 누구와 일하든지, 사람들은 항상 제가 가장 책임감 있는 사람이라고 얘기합니다.

의문사 which | 의문사 *which*는 *what*처럼 어떤 사물에 관해 물어볼 때 사용됩니다.
다만 *what*은 범위가 정해져 있지 않을 때 물어보는 것인 반면,
*which*는 범위가 정해져 있을 때 물어보는 것입니다.

- What book do you like? (세상에 존재하는 많은 책 중에서) 어떤 책을 좋아하니?
- Which book do you like? (여기 있는 몇 권의 책 중에서) 어떤 책을 좋아하니?

목적어는 종류가 2개

앞서 목적어가 필요하지 않은 자동사를 배울 때 타동사에 대해서도 슬쩍 배웠었죠.
그때 **타동사**란 **목적어가 필요한 동사**이며,
어떤 동사가 타동사인지 쉽게 알 수 있는 방법은
~을로 해석되는 목적어를 찾는 것이라고 했습니다.

★ 4형식 문장

She gave me the bag.
그녀는 나에게 그 가방을 주었다.

CHECK ☐

그런데 사실 목적어에는 **두 가지 종류**가 있습니다.
~을/~를로 해석되는 **직접목적어**와 ~에게로 해석되는 **간접목적어**가 그것입니다.
일반적으로 ~을/~를 목적어 하나만 오는 문장을 3형식,
~에게, ~을/~를 두 가지 목적어가 오는 문장을 **4형식**이라 부릅니다.
4형식 문장을 만들 때는 **직접목적어** 앞에 ~에게에 해당하는 명사를 넣어줍니다.

· She gave the bag.　　　그녀는 그 가방을 주었다.
· She gave me the bag.　그녀는 나에게 그 가방을 주었다.

자동사로 착각하기 쉬운 타동사

자동사라고 착각할 수 있는 타동사들이 있습니다.
~을/~를로 해석되는 목적어를 갖고 있지 않은 타동사들이죠.
언뜻 보기에 이들은 자동사처럼 보이지만 실은 타동사입니다.

· attend ~에 참석하다　· discuss ~에 대해 토론하다
· resemble ~와 닮다　　· enter ~로 들어가다

목적어가 두 개 있는 동사

모든 타동사가 목적어 두 개를 가질 수 있는 것은 아닙니다.
~주다로 해석되는 동사만이 **목적어를 두 개 가지는 4형식 동사**가 될 수 있습니다.

· give 주다　　　· tell 말해 주다　　· teach 가르쳐 주다
· find 찾아 주다　· cook 요리해 주다　· buy 사 주다

동사의 변신2

동사에 to를 붙여 명사로 만든 **to부정사**를 배웠었죠.
본래 명사가 아니었지만
어떤 장치를 통해 명사로 다시 태어난 것은
to부정사뿐만이 아닙니다.
동사에 **ing**를 붙여서 **동명사**라는 것도 만들 수 있습니다.

가다   가는 것
go → **go**ing
동사   명사 역할

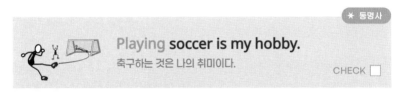

★ 동명사

Playing soccer is my hobby.
축구하는 것은 나의 취미이다.

CHECK ☐

*to***부정사**가 명사, 형용사, 부사 역할을 모두 할 수 있는 데 반해,
동명사는 오로지 **명사의 역할**만 합니다.
따라서 **주어, 목적어, 보어 자리**에 들어가서 명사로서의 역할을 충실히 합니다.
또한, 본래 동사였기 때문에 **동사의 성질**도 지니고 있습니다.
예를 들어, 본래 동사가 목적어가 필요한 타동사였다면
동명사도 뒤에 목적어가 필요한 식이죠.

주어 역할 ········· 축구하는 것은 나의 취미이다.

· Playing soccer is my hobby.
축구를 하는 것   ~이다   나의 취미

목적어 역할 ········· 나는 축구하는 것을 좋아한다.

· I like playing soccer.
좋아하다   축구를 하는 것

보어 역할 ········· 나의 취미는 축구하는 것이다.

· My hobby is playing soccer.
나의 취미   ~이다   축구를 하는 것

동명사 만들기

① 기본 공식	동사원형 + ing		go	going
② -e로 끝날 때	e를 빼고 + ing		come	coming
③ -ie로 끝날 때	ie를 y로 바꾸고 + ing		lie	lying
④ 단모음+단자음으로 끝날 때	마지막 자음을 하나 더 쓰고 + ing		stop	stopping

to부정사와 동명사의 차이

to**부정사**와 동명사는 모두 동사가 명사로 바뀐 것입니다.
그래서 이 둘은 혼용되곤 합니다. 이렇게요.

수영하는 것은 좋다.　　　　　　　　To swim is good.

　　　　　　　　　　　　　　　　= Swimming is good.

하지만, 이 둘이 목적어 자리에 오게 되면 엄격하게 구분되어 사용됩니다.
어떤 동사 뒤에는 to**부정사**만 올 수 있고 동명사는 올 수 없습니다.
want, need, decide와 같은 동사들이 그러하죠.

나는 수영하는 것을 원한다.　　　　I want to swim. ············· o

　　　　　　　　　　　　　　　　I want swimming. ············· x

또 어떤 동사들의 목적어 자리에는 동명사만 올 수 있고 to**부정사**는 올 수 없습니다.
enjoy, mind, keep과 같은 동사들이 그러합니다.

나는 수영하는 것을 즐긴다.　　　　I enjoy to swim. ············· x

　　　　　　　　　　　　　　　　I enjoy swimming. ············· o

둘 다 올 수 있는 경우도 있습니다.
해석은 완전히 동일합니다. like, love, hate와 같은 동사들이 그러합니다.

나는 수영하는 것을 사랑한다.　　　I love to swim. ············· o

　　　　　　　　　　　　　　　　I love swimming. ············· o

둘 다 올 수 있는 대신, 해석은 전혀 다른 동사들도 있습니다.
remember, forget, try 등이 그러한 동사들입니다.

나는 (미래에) 수영할 것을 기억한다.　　I remember to swim. ········· o

나는 (과거에) 수영했던 것을 기억한다.　　I remember swimming. ······ o

to**부정사**는 미래의 의미를 포함하고 있습니다. 반면, 동명사는 과거의 의미를 포함하고 있죠.
위의 문장 I remember to swim.을 통해 아직 수영을 하지 않았다는 사실까지 알 수 있습니다.
반면 I remember swimming.에서는 과거에 수영을 했었다는 것을 알 수 있죠.

★ 문장에 to부정사만 올 수 있는 동사들

want	hope	wish	decide	plan	refuse
원하다	희망하다	바라다	결정하다	계획하다	거절하다

왜 **문장 안에 문장**이 또 있어?

하나 이상의 단어의 집합이면서
동시에 주어와 동사를 포함하고 있는 것을 가리켜
문장이라고 합니다.
문장은 독립적으로 사용됩니다.

> 나는 그것을 안다.
>
> 나는 네가 거짓말 하는 것을 안다.

그런데 같은 문장을 더 자세하게 풀어서 쓰고 싶을 때는 절을 사용합니다.
절은 주어와 동사로 이루어져 있음에도 독립적으로 쓰이지 못하고
문장의 일부로서만 기능하는 것입니다.

구 주어 · 동사 포함 X & 두 개 이상의 단어의 집합	절 접속사 · 주어 · 동사 포함 O & 두 개 이상의 단어의 집합
on the table 테이블 위에	that table is here 테이블이 여기 있다는 것
going home 집에 가는 것	that I go home 나는 집에 간다는 것
sleeping baby 자는 아기	that a baby sleeps 아기가 잔다는 것

★ 명사절

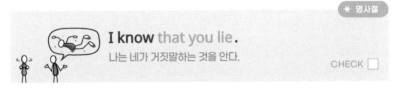

I know that you lie.
나는 네가 거짓말하는 것을 안다.

CHECK ☐

절 앞에는 언제나 접속사가 붙습니다. **접속사 + 주어 + 동사**, 이렇게요.
명사절을 만드는 접속사로는 ~**하는 것**, ~**하기**의 뜻을 가진 *that*이 있습니다.
*that you lie*가 **네가 거짓말하는 것**으로 해석될 수 있는 이유는 *that* 덕분입니다.

that의 다양한 쓰임

① 지시대명사	단독으로 저것이라고 쓰이는 경우	I know that. 나는 저것을 안다.	
② 지시형용사	명사 앞에 붙어 저라고 해석되는 경우	I know that person. 나는 저 사람을 안다.	
③ 접속사	명사절을 이끄는 접속사	I know that you lie. 나는 네가 거짓말한다는 것을 안다.	
④ 관계대명사	형용사절을 이끄는 접속사	I know the person that lied. 나는 거짓말을 한 사람을 안다.	

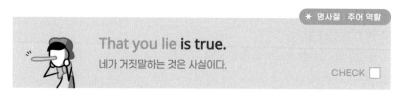

★ 명사절 │ 주어 역할

That you lie is true.
네가 거짓말하는 것은 사실이다.

CHECK ☐

절 중에서도 **명사의 역할을 하는 절**을 명사절이라고 합니다.
*that*절은 대표적인 명사절입니다.
즉, *that*절은 명사처럼 문장 안에서 주어, 목적어, 보어의 역할을 합니다.

* **주어 역할** ·········· 네가 거짓말하는 것은 사실이다.
  · That you lie is true.
  　네가 거짓말하는 것　　　사실

* **목적어 역할** ········ 나는 네가 거짓말하는 것을 안다.
  · I know that you lie.
  　　안다　　네가 거짓말하는 것

* **보어 역할** ·········· 진실은 네가 거짓말한다는 것이다.
  · The truth is that you lie.
  　진실　　　　　네가 거짓말하는 것

★ that │ 생략

I know you lie.
나는 네가 거짓말하는 것을 안다.

CHECK ☐

목적어에 오는 *that*절에서 *that*은 **생략이 가능**합니다.

가짜 주어? 가짜 목적어?

It is my goal to travel alone.
혼자 여행하는 것이 나의 목표이다.

CHECK ☐

영어는 동사를 빨리 보여주기 위해 가급적이면 주어를 짧게 하려고 합니다.
그래서 *to*부정사, 동명사, 명사절이 주어일 땐 이것들을 맨 뒤로 보내고,
가짜 주어인 *it*을 만들어 **원래 주어가 있었던 자리**에 둡니다.
이때 뒤로 간 **원래 주어**를 **진주어**, 새로 생긴 **가짜 주어** *it*을 **가주어**라고 합니다.

To travel alone | is my goal ㆍ 문장의 맨 뒤로!

is my goal | to travel alone

It | is my goal | to travel alone .

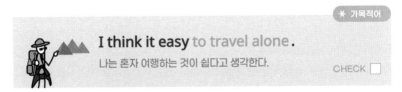

I think it easy to travel alone.
나는 혼자 여행하는 것이 쉽다고 생각한다.

CHECK ☐

목적어 자리에 *to*부정사, 동명사, 명사절이 오면 맨 뒤로 보내고,
가짜 목적어인 *it*을 만들어 원래 목적어가 있었던 자리에 둘 수 있습니다.
뒤로 간 **원래 목적어**를 **진목적어**, 새로 생긴 **가짜 목적어** *it*을 **가목적어**라 합니다.
가주어와 가목적어의 원리는 같습니다.

I think | To travel alone | easy ㆍ 문장의 맨 뒤로!

I think | easy | to travel alone

I think | It | easy | to travel alone .

부사절 로 긴 문장에 도전해보자

★ 부사절

When she was young, she had a cat.
그녀가 어렸을 때, 그녀는 고양이를 갖고 있었다.

CHECK ☐

부사절은 말 그대로 **부사의 역할을 하는 절**을 의미합니다.

위 문장에서 화자가 진짜 하고 싶은 말은 그녀가 **고양이를 갖고 있었다**는 것입니다.

이를 주절이라 합니다.

조금 더 내용을 풍부하게 하기 위해 **그녀가 어렸을 때**라는 부사절을 사용했군요.

    부사절   주절
· When she was young, she had a cat.

위 문장에서 *when*은 접속사로 쓰였습니다.

부사절 접속사와 전치사는 혼동하기 쉽기 때문에 먼저 개념부터 짚어 보겠습니다.

전치사	접속사
문장에서 형용사나 부사의 역할로 바로 뒤에 명사가 옴	문장 안의 성분들을 연결해 주는 역할로 특히 절을 이끄는 경우 뒤에 주어와 동사가 옴
in seoul 서울에서	cat and dog 고양이와 강아지
on the table 그 테이블 위에	that I go 내가 가는 것
at the beach 그 해변에서	When I was young 내가 어렸을 때

그럼 이제 간단한 부사절 접속사부터 함께 살펴 볼까요?

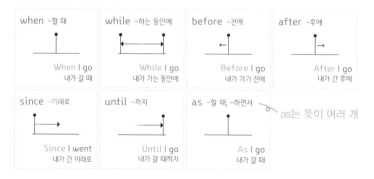

when ~할 때	while ~하는 동안에	before ~전에	after ~후에
When I go 내가 갈 때	While I go 내가 가는 동안에	Before I go 내가 가기 전에	After I go 내가 간 후에

since ~이래로	until ~까지	as ~할 때, ~하면서
Since I went 내가 간 이래로	Until I go 내가 갈 때까지	As I go 내가 갈 때

as는 뜻이 여러 개

부사절 접속사 총정리

이번엔 조금 헷갈리는 부사절 접속사들을 함께 보겠습니다.

├── if / unless / even if ──┤

if 만약 ~한다면

내일 만약 눈이 온다면,
우리는 스키를 타러 갈 거야.

If it snows tomorrow,
we will go skiing.

> if 가 부사절일 때는 **만약 ~라면**이라고 쓰이지만
> 명사절일 때는 **~인지 아닌지**라는 뜻입니다.
>
> - If you are free, come here.
>   만약 네가 한가하다면 여기로 와라.
> - I don't know if you are free.
>   나는 네가 한가한지 아닌지 모르겠다.

unless 만약 ~하지 않는다면

내일 만약 비가 오지 않는다면,
우리는 스키를 타러 갈 거야.

Unless it rains tomorrow,
we will go skiing.

even if 만약 ~할지라도

내일 만약 비가 올지라도,
우리는 스키를 타러 갈 거야.

Even if it rains tomorrow,
we will go skiing.

> even if 대신
> whether or not 을 사용할 수도 있습니다.
>
> - I will marry him even if he is poor.
>   = I will marry him whether or not he is poor.
>   = I will marry him whether he is poor or not.
>   그가 가난하다 해도 그와 결혼하겠어요.

├── because / even though ──┤

because ~이기 때문에

날개가 있기 때문에,
비둘기들은 날 수 있다.

Because pigeons have wings,
they can fly.

even though ~임에도 불구하고

날개가 있음에도 불구하고,
오리들은 날지 못한다.

Even though ducks have wings,
they can't fly.

> 다음 세 개의 표현을 같은 의미로 사용할 수 있습니다.
> even though   although   though

├── so that / in case ──┤

so that ~하기 위해서

총을 지녀라
곰을 잡기 위해서.

Take a gun
So that you can shoot a bear.

in case ~을 대비해서

총을 지녀라
곰을 만날 것을 대비해서.

Take a gun
In case you run into a bear.

> 지금 배운 so that 말고도 so 형용사 that 부사절이 두 가지나 있습니다.
>
> - I am (so) sad (that) you failed.
>   네가 실패해서 슬퍼. → 감정의 이유를 나타냄, 보통 so, that 생략
> - I was so happy that I cried.
>   나는 울 정도로 기뻤다. → 어느 정도였는지를 나타냄

127

체크하는 법 한글 해석만 읽고 영어로 말할 수 있으면 체크! ✔

392 | ☐ 너는 무엇을 원하니? | **What do you** want**?**

☐ 너는 무엇을 필요로 하니? | **What do you** need**?**

☐ 너는 어떻게 생각해? | **What do you** think**?**

☐ 너는 무엇을 의미하니? | **What do you** mean**?**

☐ 너는 무엇을 하니? | **What do you** do**?**

☐ 너는 이걸 뭐라고 불러? | **What do you** call it**?**

393 | ☐ 너는 어디에 살아? | **Where do you** live**?**

☐ 너는 어디에서 일하니? | **Where do you** work**?**

☐ 너는 어디에서 머무르니? | **Where do you** stay**?**

☐ 너는 어느 대학에 다니니? college | **Where do you** go to college**?**

394 | ☐ 그건 어때? | **How is** it**?**

☐ 음식은 어때? | **How is** the food**?**

☐ 사이즈는 어때? | **How is** the size**?**

☐ 날씨는 어때? | **How is** the weather**?**

☐ 지내는 건 어때? | **How is** it going**?**

395 | ☐ 너는 그것을 어떻게 아니? | **How do you** know**?**

☐ 너는 그것을 어떻게 기억하니? | **How do you** remember**?**

☐ 너는 기분이 어떻니? | **How do you** feel**?**

☐ 너는 그것을 어떻게 하기를 바라니? suggest | **How do you** suggest**?**

□ 너는 왜 바쁘니?   **Why are you** busy**?**

□ 너는 왜 심각해?   **Why are you** serious**?**

□ 너는 왜 우울하니?   **Why are you** down**?**

□ 너는 왜 감정적이니? `emotional`   **Why are you** emotional**?**

□ 너는 왜 이곳에 온 거야?   **Why are you** here**?**

□ 너는 왜 그렇게 행복하니?   **Why are you** so happy**?**

□ 너는 왜 그렇게 슬퍼하니?   **Why are you** so sad**?**

□ 그것은 얼마나 맛있어?   **How** delicious is it**?**

□ 그녀는 얼마나 아름답니?   **How** beautiful is she**?**

□ 그게 얼마나 어리석어?   **How** stupid is that**?**

□ 인생이 얼마나 아름다워? `wonderful`   **How** wonderful is life**?**

□ 어떻게 지내?   **How are you?**

□ 내가 어떻게 알아?   **How do I know?**

□ 얼마나 멀리?   **How far?**

□ 얼마 동안?   **How long?**

□ 이곳에 얼마 동안 머무를 거야?   **How long** are you staying here**?**

□ 몇 개?   **How many?**

□ 몇 정거장이나 떨어져 있어?   **How many** stops from here**?**

□ 얼마나 자주? | 몇 번?   **How many** times**?**

403	☐ 얼마야?	How much?
	☐ 하루에 얼마씩이야?	How much is it for 1 day?
	☐ 입장료가 얼마야? admission fee	How much is the admission fee?
404	☐ 얼마나 자주?	How often?
405	☐ 나이가 어떻게 돼?	How old are you?
406	☐ 우리 그건 안 사도 돼.	We don't have to buy that.
407	☐ 우리는 갈 길이 멀어.	We have a long way to go.
408	☐ 차선책이 있어.	We have plan B.
409	☐ 또 뭐?	What else?
410	☐ 잘 지냈어?	What is up? | What's up?
411	☐ 무슨 일이야?	What is going on?
	☐ 그것은 뭐야?	What is it?
	☐ 새로운 건 뭐야?	What is new?
	☐ 차이가 뭐야?	What is the difference?
	☐ 이게 무슨 뜻이야?	What is the meaning?
	☐ 요점이 뭐야?	What is the point?
	☐ 뭐가 문제야?	What is the problem?
	☐ 숙박료가 얼마인가요?	What is the room rate?
	☐ 네 이름은 뭐야?	What is your name?

☐ 네 계획은 뭐야?	What is your plan?
☐ 그건 어떤 음식이야?	What kind of food is it?
☐ 몇 시야?	What time is it?
☐ 너는 대체 무슨 생각을 한 거야?	What were you thinking?
☐ 어떤 것으로 줄까?	What would you like?
☐ 추천해줄 것이 있을까?	What would you recommend?
☐ 무엇이든 네가 원하는 대로.	Whatever you want.
☐ 언제든지 좋아.	Whenever is okay.
☐ 여기는 어디야?	Where am I?
☐ 너는 어디에 있어?	Where are you?
☐ 너는 어디에서 왔어?	Where are you from?
☐ 너는 어디로 가고 있어?	Where are you going?
☐ 너는 그것을 어디서 잃어버렸어?	Where did you lose it?
☐ 그건 어디에 있어?	Where is it?
☐ 내 자리는 어디야?	Where is my seat?
☐ 버스 정류장은 어디에 있어?	Where is the bus stop?
☐ 입구는 어디야? entrance	Where is the entrance?
☐ 병원은 어디에 있어?	Where is the hospital?
☐ 경찰서는 어디에 있어?	Where is the police station?

□ 매표소는 어디에 있어? (ticket booth)	Where is the ticket booth?
□ 화장실은 어디야?	Where is the toilet?
423 □ 우리 어디에서 만날까?	Where should we meet?
424 □ 너는 어디에 있었던 거야?	Where were you?
425 □ 어떤 거?	Which one?
426 □ 어떤 방법이 더 나아?	Which way is better?
427 □ 어느 쪽이야?	Which way?
428 □ 누가 이걸 했니?	Who did this?
429 □ 너는 누구를 만났어?	Who did you meet?
430 □ 또 누가 있어?	Who else?
431 □ 누구세요?	Who is it?
432 □ 혹시 알아?	Who knows?
433 □ 그가 왜 좋은 거야?	Why do you like him?
434 □ 왜 그렇게 걱정하는 거야?	Why do you worry so much?
435 □ 그녀는 왜 그렇게 화를 내는 거야?	Why is she so angry?
436 □ 안될 게 뭐야?	Why not?
437 □ 행운을 빌어줘.	Wish me luck.
438 □ 너는 항상 네 마음대로 해.	You always get your own way.
439 □ 너는 시도조차 하지 않았잖아.	You didn't even try.

440	너 때문에 내 기분이 상했어.	You hurt my feelings.
441	너는 아무것도 몰라.	You know nothing.
442	네가 그렇게 말했잖아.	You said that.
443	방 번호를 알려 주세요.	Your room number, please.
444	너와 나의 차이점이 뭐야?	What is the difference between you and me?
	이것과 저것은 무슨 차이야?	What is the difference between this one and that one?
	남자와 여자는 무슨 차이야?	What is the difference between men and women?
	도시와 마을은 무슨 차이야?	What is the difference between city and town?
445	너와 그녀는 무슨 관계야?	What is the relationship between you and her?
	너와 그는 무슨 관계야?	What is the relationship between you and him?
	고양이와 개는 무슨 관계야?	What is the relationship between cats and dogs?
	에너지와 전력은 무슨 관계야?	What is the relationship between energy and power?
446	그녀가 오면 내게 알려줘.	Let me know when she comes.
	준비가 되면 내게 알려줘.	Let me know when it's ready.
	그것이 끝나면 내게 알려줘.	Let me know when it is over.
	당신이 시간이 될 때 내게 알려줘.	Let me know when you are available.
447	나는 내가 바보 같단 것을 알아.	I know that I am stupid.
	나는 내가 못생겼다는 것을 알아.	I know that I am ugly.
	나는 네가 맞다는 것을 알아.	I know that you are right.

☐ 나는 네가 바쁜 것을 알아.	**I know that** you are busy.
☐ 사람들은 내가 틀렸다고 말해.	**People say that** I am wrong.
☐ 사람들은 내가 이상하다고 말해.	**People say that** I am weird.
☐ 사람들은 그건 사실이 아니라고 말해.	**People say that** it is not true.
☐ 사람들은 그는 그가 그럴만한 자격이 있다고 말해. deserves	**People say that** he deserves it.
☐ 네가 귀가하기 전까진 안 돼.	**Not until you** arrive home.
☐ 네가 숙제를 끝내기 전까진 안 돼.	**Not until you** finish your homework.
☐ 네가 시험을 통과하기 전까진 안 돼.	**Not until you** pass the test.
☐ 네가 은퇴하기 전까진 안 돼.	**Not until you** retire.
☐ 내가 시도했는데도 소용없었어.	**It didn't work even though** I tried.
☐ 내가 사과했는데도 소용없었어.	**It didn't work even though** I said sorry.
☐ 내가 그를 협박했는데도 소용없었어. threatened	**It didn't work even though** I threatened him.
☐ 그게 복원됐는데도 소용없었어. restored	**It didn't work even though** it was restored.
☐ 내가 물었는데도 그녀는 대답하지 않았어.	**She didn't answer even though** I asked.
☐ 그녀는 알았는데도 대답하지 않았어.	**She didn't answer even though** she knew it.
☐ 내가 그녀를 재촉했는데도 대답하지 않았어.	**She didn't answer even though** I pushed her.
☐ 그래야만 했는데도 그녀는 대답하지 않았어. had to	**She didn't answer even though** she had to.
☐ 나는 내가 할 수 있다고 생각하지 않아.	**I don't think I can** do it.
☐ 나는 내가 경기에서 이길 수 있다고 생각하지 않아.	**I don't think I can** win the game.

448
449
450
451
452

나는 내가 그걸 할 여력이 된다고 생각하지 않아. `afford`	I don't think I can afford it.
나는 내가 그것을 처리할 수 있다고 생각하지 않아.	I don't think I can deal with it.

너는 그가 잘생겼다고 생각하지 않니?	Don't you think he is handsome?
너는 그녀가 아름답다고 생각하지 않니?	Don't you think she is beautiful?
너는 이 노래가 좋다고 생각하지 않니?	Don't you think this song is good?
너는 이 방이 아늑하다고 생각하지 않니? `cozy`	Don't you think this room is cozy?

나는 네가 행복해서 기뻐.	I am glad (that) you are happy.
나는 네가 좋아해서 기뻐.	I am glad (that) you liked it.
나는 너를 만나서 기뻐.	I am glad (that) I met you.
나는 네가 들러줘서 기뻐.	I am glad (that) you dropped by.

나는 네가 이겨서 너무 행복해.	I am so happy (that) you won.
나는 그녀가 돌아와서 너무 행복해.	I am so happy (that) she's back.
나는 네가 내 친구라서 너무 행복해.	I am so happy (that) you're my friend.
나는 그가 회복해서 너무 행복해. `recovered`	I am so happy (that) he recovered.

이것은 무슨 뜻이야?	What do you mean by this?
그것은 무슨 뜻이야?	What do you mean by that?
저 단어는 무슨 뜻이야?	What do you mean by that word?
그 구절은 무슨 뜻이야? `phrase`	What do you mean by the phrase?

그녀가 이걸 한 것으로 밝혀졌어.	It turned out that she did this.

CHECKLIST 〉1〉2〉3〉4〉5

체크하는 법 한글 해석만 읽고 영어로 말할 수 있으면 체크! ✓

☐	그가 거짓말한 것으로 밝혀졌어.	It turned out that he lied.
☐	그녀가 옳았던 것으로 밝혀졌어.	It turned out that she was right.
☐	아무도 여기에 없던 것으로 밝혀졌어.	It turned out that nobody was here.

458
☐	너는 이걸 하고 나면 후회할 거야.	You don't want to do this.
☐	너는 알고 나면 후회할 거야.	You don't want to know.
☐	너는 보고 나면 후회할 거야.	You don't want to see it.
☐	너는 나를 건드리고 나면 후회할 거야.	You don't want to mess with me.

459
☐	너는 왜 돌아가기로 결정했어?	Why did you decide to go back?
☐	너는 왜 그것을 바꾸기로 결정했어?	Why did you decide to change it?
☐	너는 왜 선생님이 되기로 결정했어?	Why did you decide to be a teacher?
☐	너는 왜 해외에서 공부하기로 결정했어?	Why did you decide to study abroad?

460
☐	우리에게 문제가 생긴 것 같아.	It looks like we got a problem.
☐	그는 죽은 것 같아.	It looks like he is dead.
☐	너는 긴장한 것 같아.	It looks like you are nervous.
☐	그는 차인 것 같아.	It looks like he got dumped.

461
☐	너는 왜 돌아오지 않기로 결정했어?	Why did you decide not to come back?
☐	너는 왜 그와 결혼하지 않기로 결정했어?	Why did you decide not to marry him?
☐	너는 왜 아기를 갖지 않기로 결정했어?	Why did you decide not to have a baby?
☐	너는 왜 참여하지 않기로 결정했어? participate	Why did you decide not to participate?

☐ 너는 행복해 보여.

You seem to be happy.

☐ 너는 화가 나 보여.

You seem to be angry.

☐ 너는 바빠 보여.

You seem to be busy.

☐ 너는 심각해 보여.

You seem to be serious.

☐ 비가 올 것 같아.

It seems like it will rain.

☐ 너는 항상 바쁜 것 같아.

It seems like you are always busy.

☐ 그것들은 똑같은 것 같아.

It seems like they are the same things.

☐ 나는 열심히 공부하기로 마음을 정했어.

I made up my mind to study hard.

☐ 나는 포기하기로 마음을 정했어.

I made up my mind to give it up.

☐ 나는 다시 시작하기로 마음을 정했어.

I made up my mind to start over.

☐ 나는 다이어트를 하기로 마음을 정했어.

I made up my mind to go on a diet.

☐ 너는 언제 네가 도착하는지 아니?

Do you know when you arrive?

☐ 너는 언제 네 시간이 비는지 아니?

Do you know when you are free?

☐ 너는 언제 네가 떠나는지 아니? depart

Do you know when you depart?

☐ 너는 언제가 그의 생일인지 아니?

Do you know when his birthday is?

☐ 나는 그게 무엇인지 몰라.

I don't know what it is.

☐ 나는 그게 어디에 있는지 몰라.

I don't know where it is.

☐ 나는 그가 어디에 사는지 몰라.

I don't know where he lives.

☐ 나는 제목이 무엇인지 몰라.

I don't know what the title is.

467

☐ 나는 그게 무엇인지 알고 싶어.　　　　I want to know what it is.

☐ 나는 그게 어디에 있는지 알고 싶어.　　I want to know where it is.

☐ 나는 네가 어디서 그걸 구했는지 알고 싶어.　I want to know where you got it.

☐ 나는 이게 뭘 상징하는지 알고 싶어.
　　stands for
　　　　　　　　　　　　　　　　　　I want to know what this stands for.

468

☐ 너는 그게 뭔지 아니?　　　　　　　Do you know what it is?

☐ 너는 그게 어디에 있는지 아니?　　　Do you know where it is?

☐ 너는 그게 뭐라 불리는지 아니?　　　Do you know what it is called?

☐ 너는 그녀가 어디서 자랐는지 아니?　Do you know where she grew up?

469

☐ 나에게 그게 뭔지 말해줘.　　　　　Tell me what it is.

☐ 나에게 그것이 어디에 있는지 말해줘.　Tell me where it is.

☐ 나에게 이것이 무엇에 관한 건지 말해줘.　Tell me what this is about.

☐ 나에게 이게 어디에 있었는지 말해줘.　Tell me where this was.

470

☐ 나는 네가 누구인지 몰라.　　　　　I don't know who you are.

☐ 나는 그녀가 누구인지 몰라.　　　　I don't know who she is.

☐ 나는 그가 누구인지 몰라.　　　　　I don't know who he is.

☐ 나는 그들이 누구인지 몰라.　　　　I don't know who they are.

471

☐ 나는 내가 누구인지 알고 싶어.　　　I want to know who I am.

☐ 나는 네가 누구인지 알고 싶어.　　　I want to know who you are.

☐ 나는 그녀가 누구인지 알고 싶어.　　I want to know who she is.

☐ 나는 그가 누구인지 알고 싶어.		I want to know who he is.
☐ 너는 내가 누구인지 아니?		Do you know who I am?
☐ 너는 그녀가 누구인지 아니?		Do you know who she is?
☐ 너는 그 남자가 누구인지 아니?		Do you know who the man is?
☐ 너는 그들이 누구인지 아니?		Do you know who they are?
☐ 나에게 네가 누구인지 말해줘.		Tell me who you are.
☐ 나에게 그녀가 누구인지 말해줘.		Tell me who she is.
☐ 나에게 그가 누구인지 말해줘.		Tell me who he is.
☐ 나에게 그 여자가 누구인지 말해줘.		Tell me who the woman is.
☐ 나는 네가 무엇을 말하려는지를 몰라.		I don't know what you mean.
☐ 나는 네가 뭘 생각하는지 몰라.		I don't know what you think.
☐ 나는 그가 무엇을 훔쳤는지 몰라. stole		I don't know what he stole.
☐ 나는 내가 무엇을 할 지 몰라.		I don't know what I am going to do.
☐ 나는 네가 뭘 했는지 알고 싶어.		I want to know what you did.
☐ 나는 네가 무엇을 아는지 알고 싶어.		I want to know what you know.
☐ 나는 그녀가 무엇을 말했는지 알고 싶어.		I want to know what she said.
☐ 나는 그녀가 무엇을 필요로 하는지 알고 싶어.		I want to know what she needs.
☐ 너는 내가 뭘 아는지를 아니?		Do you know what I know?
☐ 너는 내가 무엇을 했는지 아니?		Do you know what I did?

472

473

474

475

476

☐	너는 내가 무엇을 말하고 있는지 아니?	**Do you know what I** am saying**?**
☐	너는 내가 무엇을 겪었는지 아니? (through)	**Do you know what I** have been through**?**
☐	나에게 네가 뭘 가졌는지 말해줘.	**Tell me what you** have**.**
☐	나에게 네가 무엇을 아는지 말해줘.	**Tell me what you** know**.**
☐	나에게 네가 무엇을 원하는지 말해줘.	**Tell me what you** want**.**
☐	나에게 네가 무엇을 필요로 하는지 말해줘.	**Tell me what you** need**.**
☐	나는 그녀가 왜 화났는지 모르겠어.	**I don't know why she is** angry**.**
☐	나는 그녀가 왜 이러는지를 모르겠어.	**I don't know why she is** this way**.**
☐	나는 언제 그가 그만두었는지 모르겠어.	**I don't know when** he quit**.**
☐	나는 언제 이 일이 일어났는지 모르겠어.	**I don't know when** it happened**.**
☐	너는 내가 널 왜 사랑하는지 알아?	**Do you know why I** love you**?**
☐	너는 내가 왜 슬픈지 알아?	**Do you know why I** am sad**?**
☐	너는 내 생일이 언제인지 알아?	**Do you know when** my birthday is**?**
☐	너는 그게 언제 멈췄는지 알아?	**Do you know when** it stopped**?**
☐	내가 널 얼마나 사랑하는지 알아?	**Do you know how much** I love you**?**
☐	너는 내가 널 얼마나 그리워하는지 알아?	**Do you know how much** I miss you**?**
☐	너는 이것이 얼마나 아픈지 알아?	**Do you know how much** it hurts**?**
☐	너는 이것이 얼마인지 알아?	**Do you know how much** it is**?**
☐	나는 얼마나 행복한지 말할 수 없을 정도야.	**I cannot tell you how** happy I am**.**

477 478 479 480 481 482 483

나는 내가 얼마나 미안한지 말할 수 없을 정도야.	I cannot tell you how sorry I am.
나는 내가 얼마나 감사한지 말할 수 없을 정도야.	I cannot tell you how thankful I am.
나는 내가 얼마나 비참했는지 말할 수 없을 정도야. miserable	I cannot tell you how miserable I was.
나는 내가 너를 얼마나 사랑하는지 말할 수 없을 정도야.	I cannot tell you how much I love you.
나는 내가 얼마나 많이 마셨는지 말할 수 없을 정도야.	I cannot tell you how much I drank.
나는 내가 얼마나 그것에 감사한지 말할 수 없을 정도야. appreciate	I cannot tell you how much I appreciate it.
나는 네가 나에게 얼마나 의미가 있는지 말할 수 없을 정도야.	I cannot tell you how much you mean to me.
내가 원하는 것은 네 도움이야.	What I want is your help.
내가 원하는 것은 진실이야.	What I want is the truth.
내가 원하는 것은 승리야.	What I want is victory.
내가 원하는 것은 재정 지원이야. financial	What I want is financial aid.
그것이 바로 내가 원하는 거야.	That is exactly what I want.
그것이 바로 내가 의미하는 바야.	That is exactly what I mean.
그것이 바로 내가 생각했던 거야. thought	That is exactly what I thought.
그것이 바로 내가 한 일이야.	That is exactly what I did.
그것이 내가 널 좋아하는 이유야.	That is why I like you.
그것이 내가 그를 싫어하는 이유야.	That is why I hate him.
그것이 내가 찬성하지 않는 이유야.	That is why I don't agree.
그것이 그렇게 불리는 이유야.	That is why it is called so.

488 ☐ 그것이 네가 이걸 해야 하는 이유야.　　That is why you should do this.

☐ 그것이 네가 열심히 공부해야 하는 이유야.　　That is why you should study hard.

☐ 그것이 네가 술을 끊어야 하는 이유야.　　That is why you should stop drinking.

☐ 그것이 네가 금연해야 하는 이유야.　　That is why you should quit smoking.

489 ☐ 나는 이것에 대해 궁금해.　　I wonder about this.

☐ 나는 너에 대해 궁금해.　　I wonder about you.

☐ 나는 미래에 대해 궁금해.　　I wonder about the future.

☐ 나는 그 비밀에 대해 궁금해.　　I wonder about the secret.

490 ☐ 나는 그게 뭔지 궁금해.　　I wonder what it is.

☐ 나는 그가 무엇을 말했는지 궁금해.　　I wonder what he said.

☐ 나는 내가 뭘 잘못했는지 궁금해.　　I wonder what I did wrong.

☐ 나는 이 버튼은 무엇을 하는지 궁금해.　　I wonder what this button does.

491 ☐ 나는 그가 왜 그렇게 말했는지 궁금해.　　I wonder why he said that.

☐ 나는 그가 왜 늦었는지 궁금해.　　I wonder why he was late.

☐ 나는 사람들이 왜 변하는지 궁금해.　　I wonder why people change.

☐ 나는 왜 그렇게 오래 걸렸는지 궁금해.　　I wonder why it took so long.

492 ☐ 그녀가 화난 것이 놀랍지는 않아.　　It's no wonder she is angry.

☐ 그녀가 친구가 없는 것이 놀랍지는 않아.　　It's no wonder she has no friend.

☐ 그녀가 인기 많은 것이 놀랍지는 않아.　　It's no wonder she is popular.

그가 실패한 것이 놀랍지는 않아.   It's no **wonder** he failed.

493

내가 원하는 것은 오직 너야.   **All I want is** you.

내가 원하는 것은 오직 돈이야.   **All I want is** money.

내가 원하는 것은 오직 진실이야.   **All I want is** the truth.

내가 원하는 것은 오직 그의 관심이야.   **All I want is** his attention.

494

내가 원하는 것은 오직 너와 대화하는 거야.   **All I want is to** talk with you.

내가 원하는 것은 오직 너와 춤을 추는 거야.   **All I want is to** dance with you.

내가 원하는 것은 오직 싸움을 멈추는 거야.   **All I want is to** stop fighting.

내가 원하는 것은 오직 집에 있는 거야.   **All I want is to** be home.

495

내가 요구하는 것은 오직 나를 믿어주라는 거야.   **All I am asking is to** trust me.

내가 요구하는 것은 오직 그를 용서해주라는 거야.   **All I am asking is to** forgive him.

내가 요구하는 것은 오직 비밀을 지켜주라는 거야.   **All I am asking is to** keep a secret.

내가 요구하는 것은 오직 내게 기회를 주라는 거야.   **All I am asking is to** give me a chance.

496

내가 할 수 있는 것은 오직 기다리는 거야.   **All I can do is to** wait.

내가 할 수 있는 것은 오직 기도하는 거야. `pray`   **All I can do is to** pray.

내가 할 수 있는 것은 오직 고맙다고 말하는 거야.   **All I can do is to** say thank you.

내가 할 수 있는 것은 오직 경찰을 부르는 거야.   **All I can do is to** call the police.

497

네가 해야 하는 것은 오직 열심히 공부하는 거야.   **All you have to do is** studying hard .

네가 해야 하는 것은 오직 내 질문에 답하는 거야. `answering`   **All you have to do is** answering my question.

☐ 네가 해야 하는 것은 오직 여기 서명하는 거야.　　All you have to do is signing here.

☐ 네가 해야 하는 것은 오직 그냥 기다리는 거야.　　All you have to do is just waiting.

498

☐ 내 방에 문제가 있어.　　I have a problem with my room.

☐ 내 컴퓨터에 문제가 있어.　　I have a problem with my computer.

☐ 내 여자친구와 문제가 있어.　　I have a problem with my girlfriend.

☐ 내 전화기에 문제가 있어.　　I have a problem with my phone.

499

☐ 나는 누군가와 약속이 있어.　　I have an appointment with someone.

☐ 나는 내 친구와 약속이 있어.　　I have an appointment with my friend.

☐ 나는 정신과 의사와 약속이 있어. shrink 　　I have an appointment with a shrink.

☐ 나는 치과의사와 약속이 있어. dentist 　　I have an appointment with my dentist.

500

☐ 나는 머리에 통증이 있어.　　I have a pain in my head.

☐ 나는 목에 통증이 있어.　　I have a pain in my neck.

☐ 나는 왼쪽 팔에 통증이 있어.　　I have a pain in my left arm.

☐ 나는 배에 통증이 있어.　　I have a pain in my stomach.

501

☐ 나는 그것을 하느라 힘든 시간을 보냈어.　　I had a hard time doing it.

☐ 나는 그를 도와주느라 힘든 시간을 보냈어.　　I had a hard time helping him.

☐ 나는 직장을 구하느라 힘든 시간을 보냈어.　　I had a hard time finding a job.

☐ 나는 현실을 직시하느라 힘든 시간을 보냈어.　　I had a hard time facing the reality.

502

☐ 나는 그와 일하느라 힘든 시간을 보내고 있어.　　I am having a hard time working with him.

☐	나는 그녀를 돌보느라 힘든 시간을 보내고 있어.	I am having a hard time taking care of her.
☐	나는 마감을 맞추느라 힘든 시간을 보내고 있어.	I am having a hard time meeting the deadline.
☐	나는 팀을 운영하느라 힘든 시간을 보내고 있어. `managing`	I am having a hard time managing the team.

503

☐	그것은 단지 시간의 문제일 뿐이야.	It's just a matter of time.
☐	그것은 단지 돈의 문제일 뿐이야.	It's just a matter of money.
☐	그것은 단지 과정의 문제일 뿐이야.	It's just a matter of process.
☐	그것은 단지 소통의 문제일 뿐이야. `communication`	It's just a matter of communication.

504

☐	나는 돈이 없어.	I don't have any money.
☐	나는 시간이 없어.	I don't have any time.
☐	나는 형제자매가 없어. `siblings`	I don't have any siblings.
☐	나는 친구가 없어.	I don't have any friends.

505

☐	너는 무슨 문제라도 있어?	Do you have any problem?
☐	너는 질문이 있어?	Do you have any question?
☐	너는 좋은 생각이 있어?	Do you have any idea?
☐	빈방이 있어? `vacancies`	Do you have any vacancies?

506

☐	너는 도망칠 기회가 없을 거야.	You will not have any chance to escape.
☐	너는 나를 다시 볼 기회가 없을 거야.	You will not have any chance to see me again.
☐	너는 너를 보여줄 기회가 없을 거야.	You will not have any chance to show you.
☐	너는 그곳을 방문할 기회가 없을 거야.	You will not have any chance to visit the place.

체크하는 법 한글 해석만 읽고 영어로 말할 수 있으면 체크! ✔

507 ☐ 그것은 나에게 중요하지 않아. — It doesn't matter to me.

☐ 그것은 너에게 중요하지 않아. — It doesn't matter to you.

☐ 그것은 그에게 중요하지 않아. — It doesn't matter to him.

☐ 그것은 누구에게도 중요하지 않아. — It doesn't matter to anyone.

508 ☐ 나는 시간 없어. — I have no time.

☐ 나는 돈이 없어. — I have no money.

☐ 나는 아무 생각이 없어. — I have no idea.

☐ 나는 의심하지 않아. — I have no doubt.

☐ 나는 기술이 없어. — I have no skills.

☐ 나는 변명의 여지가 없어. excuse — I have no excuse.

509 ☐ 나는 사과할 이유가 없어. apologize — I have no reason to apologize.

☐ 나는 너를 도와줄 이유가 없어. — I have no reason to help you.

☐ 나는 사임할 이유가 없어. resign — I have no reason to resign.

☐ 나는 거기에 갈 이유가 없어. — I have no reason to get there.

510 ☐ 나는 화날 이유가 없어. — I have no reason to be angry.

☐ 나는 두려워할 이유가 없어. — I have no reason to be afraid.

☐ 나는 질투심을 느낄 이유가 없어. — I have no reason to be jealous.

☐ 나는 이곳에 있을 이유가 없어. — I have no reason to be here.

511 ☐ 나는 그녀에게 전화하지 않을 이유가 없어. — I have no reason not to call her.

나는 그녀를 사랑하지 않을 이유가 없어.	I have no reason not to love her.
나는 그녀를 믿지 않을 이유가 없어.	I have no reason not to believe her.
나는 도전하지 않을 이유가 없어.	I have no reason not to challenge.

512
나는 너한테 말할 시간이 없었어.	I had no time to tell you.
나는 그것을 끝낼 시간이 없었어.	I had no time to finish it.
나는 네게 이메일을 보낼 시간이 없었어.	I had no time to email you.
나는 잠깐 들를 시간이 없었어.	I had no time to stop by.

513
나는 그걸 할 수밖에 없었어.	I had no choice but to do that.
나는 그렇게 말할 수밖에 없었어.	I had no choice but to say that.
나는 그걸 수용할 수밖에 없었어.	I had no choice but to accept it.
나는 사퇴할 수밖에 없었어. step	I had no choice but to step down.

514
나는 너를 만나서 정말 좋았어.	I was so happy to see you.
나는 너와 이야기해서 정말 좋았어.	I was so happy to talk with you.
나는 메달을 따서 정말 좋았어.	I was so happy to win the medal.
나는 승진해서 정말 좋았어.	I was so happy to get promoted.

515
네가 어떻게 생각하든 중요하지 않아	It doesn't matter what you think.
그녀가 무엇을 했는지는 중요하지 않아.	It doesn't matter what she did.
내가 무엇이 필요한지는 중요하지 않아.	It doesn't matter what I need.
언론이 뭐라고 하든 중요하지 않아. press	It doesn't matter what the press says.

체크하는 법 한글 해석만 읽고 영어로 말할 수 있으면 체크! ✔

516 ☐ 너의 문제가 뭐야? **What is wrong with** you?

☐ 그녀의 문제가 뭐야? **What is wrong with** her?

☐ 내 컴퓨터의 문제가 뭐야? **What is wrong with** my computer?

☐ 네 전화기의 문제가 뭐야? **What is wrong with** your phone?

517 ☐ 네가 걱정할 것은 없어. **You have nothing to** worry about.

☐ 네가 미안해할 것은 없어. **You have nothing to** be sorry for.

☐ 네가 부끄러워할 것은 없어. **You have nothing to** be ashamed of.

☐ 네가 나한테 협박할 것이 없어. **You have nothing to** threaten me with.

518 ☐ 나는 이것과 아무 상관 없어. **I have nothing to do with** this.

☐ 나는 그녀와 아무 상관 없어. **I have nothing to do with** her.

☐ 나는 그 사건과 아무 상관 없어. incident **I have nothing to do with** the incident.

☐ 나는 그 살인과 아무 상관 없어. homicide **I have nothing to do with** the homicide.

519 ☐ 내가 일하는 방식이 뭐가 문제야? **What is wrong with the way I** work?

☐ 내가 옷을 입는 방식이 뭐가 문제야? **What is wrong with the way I** dress?

☐ 내가 사는 방식이 뭐가 문제야? **What is wrong with the way I** live?

☐ 내가 먹는 방식이 뭐가 문제야? **What is wrong with the way I** eat?

520 ☐ 그것은 나와 아무 상관 없어. **It has nothing to do with** me.

☐ 그것은 너와 아무 상관 없어. **It has nothing to do with** you.

☐ 그것은 나이와 아무 상관 없어. **It has nothing to do with** age.

☐ 그것은 혈액형과 아무 상관 없어.	It has nothing to do with blood type.
521 ☐ 나는 네가 말하는 방식이 마음에 들어.	I like the way you talk.
☐ 나는 네가 나를 가르치는 방식이 마음에 들어.	I like the way you teach me.
☐ 나는 네가 날 사랑하는 방식이 마음에 들어.	I like the way you love me.
☐ 나는 네가 날 바라보는 방식이 마음에 들어.	I like the way you look at me.
522 ☐ 나는 네가 일하는 방식이 마음에 들지 않아.	I don't like the way you work.
☐ 나는 네가 생각하는 방식이 마음에 들지 않아.	I don't like the way you think.
☐ 나는 네가 행동하는 방식이 마음에 들지 않아. behave	I don't like the way you behave.
☐ 나는 네가 날 대하는 방식이 마음에 들지 않아. treat	I don't like the way you treat me.
523 ☐ 그것은 내가 그걸 보는 방식이 아니야.	That is not the way I see it.
☐ 그것은 내가 설계하는 방식이 아니야. design	That is not the way I design.
☐ 그것은 내가 사람들을 상대하는 방식이 아니야.	That is not the way I deal with people.
☐ 그것은 원래 그래야 하는 방식이 아니야. supposed	That is not the way it is supposed to be.
524 ☐ 나는 이것에 만족해.	I am happy with this.
☐ 나는 그 결과에 만족해.	I am happy with the result.
☐ 나는 있는 그대로의 나에 만족해.	I am happy with who I am.
☐ 나는 내가 가진 것에 만족해.	I am happy with what I have.
525 ☐ 나는 그것을 할 준비가 됐어.	I am ready to do that.
☐ 나는 싸울 준비가 됐어.	I am ready to fight.

체크하는 법 한글 해석만 읽고 영어로 말할 수 있으면 체크! ✓

☐	나는 자원할 준비가 됐어. volunteer	I am ready to volunteer.
☐	나는 그곳에 갈 준비가 됐어.	I am ready to go there.
526 ☐	너는 외출할 준비가 됐니?	Are you ready to go out?
☐	너는 시험을 볼 준비가 됐니?	Are you ready to take the test?
☐	너는 그것을 주문할 준비가 됐니?	Are you ready to order that?
☐	너는 부모가 될 준비가 됐니?	Are you ready to be a parent?
527 ☐	너는 그것에 대한 준비가 됐니?	Are you ready for it?
☐	너는 시험에 대한 준비가 됐니?	Are you ready for the test?
☐	너는 결혼에 대한 준비가 됐니?	Are you ready for marriage?
☐	너는 다음 라운드에 대한 준비가 됐니?	Are you ready for the next round?
528 ☐	그것을 할 준비해.	Get ready for it.
☐	싸움을 할 준비해.	Get ready for the fight.
☐	발표할 준비해. announcement	Get ready for the announcement.
☐	경기에 나갈 준비해. match	Get ready for the match.
529 ☐	학교에 갈 시간이야.	It's time for school.
☐	일을 할 시간이야.	It's time for work.
☐	저녁을 먹을 시간이야.	It's time for dinner.
☐	파티를 할 시간이야.	It's time for the party.
530 ☐	떠날 시간이야.	It's time to go.

저녁 먹을 시간이야.   It's time to have dinner.

앞으로 나아갈 시간이야. `move on`   It's time to move on.

작별 인사할 시간이야. `say goodbye`   It's time to say goodbye.

531

나는 이것을 할 시간 없어.   I don't have time to do this.

나는 운동할 시간이 없어.   I don't have time to work out.

나는 그곳에 갈 시간이 없어.   I don't have time to go there.

나는 낭비할 시간이 없어.   I don't have time to waste.

532

나는 그것을 받지 못했어.   I didn't get that.

나는 선물을 받지 못했어.   I didn't get the present.

나는 메시지를 받지 못했어.   I didn't get the message.

나는 이메일을 받지 못했어.   I didn't get the email.

533

나는 먹을 것을 원해.   I want something to eat.

나는 마실 것을 원해.   I want something to drink.

나는 읽을 것을 원해.   I want something to read.

나는 오늘 할 것을 원해.   I want something to do today.

534

나는 너한테 줄 게 있어.   I have something to give you.

나는 너에게 말할 것이 있어.   I have something to tell you.

나는 물어볼 것이 있어.   I have something to ask.

나는 고백할 것이 있어. `confess`   I have something to confess.

체크하는 법 한글 해석만 읽고 영어로 말할 수 있으면 체크! ✔

535

☐ 먹을 것을 원해?

Would you like something to eat?

☐ 마실 것을 원해?

Would you like something to drink?

☐ 읽을 것을 원해?

Would you like something to read?

☐ 시간을 보낼 것을 원해?

Would you like something to kill time with?

536

☐ 무엇을 하고 싶어?

What would you like to do?

☐ 무엇을 먹고 싶어?

What would you like to eat?

☐ 무엇을 마시고 싶어?

What would you like to drink?

☐ 무엇을 주문하고 싶어?

What would you like to order?

537

☐ 나 좀 도와줄래?

Would you help me?

☐ 나의 친구가 되어줄래?

Would you be my friend?

☐ 이름의 철자를 말해줄래? spell

Would you spell your name?

☐ 자리 좀 비켜줄래?

Would you excuse us?

538

☐ 네가 이걸 못하는 이유가 있어?

Is there any reason you can't do this?

☐ 내가 그곳에 가면 안 되는 이유가 있어?

Is there any reason I shouldn't go there?

☐ 네가 늦은 이유가 있어?

Is there any reason you were late?

☐ 네가 그걸 건너뛴 이유가 있어?

Is there any reason you skipped it?

539

☐ 네가 그걸 원하지 않는 이유가 뭐야?

What is the reason you don't want it?

☐ 나에게 아무 말도 해주지 않는 이유가 뭐야?

What is the reason you don't tell me anything?

☐ 나한테 알려주지 않은 이유가 뭐야? kept

What is the reason you kept it from me?

□ 그녀와 이혼하는 이유가 뭐야? — What is the reason you are divorcing her?

□ 그것이 내가 널 때린 이유야. — That is the reason why I hit you.

□ 그것이 내가 그를 싫어하는 이유야. — That is the reason why I hate him.

□ 그것이 내가 그를 존경하는 이유야. admire — That is the reason why I admire him.

□ 그것이 내가 그를 해고한 이유야. — That is the reason why I fired him.

□ 우리가 마지막으로 만났던 때가 언제였지? — When was the last time we met?

□ 우리가 마지막으로 여행을 갔던 때가 언제였지? — When was the last time we went to travel?

□ 우리가 마지막으로 볼링 치러 갔던 때가 언제였지? — When was the last time we went bowling?

□ 우리가 마지막으로 낚시하러 갔던 때가 언제였지? — When was the last time we went fishing?

□ 나에게 그걸 말해준 사람은 너야. — You are the one who told me that.

□ 나한테 거짓말한 사람은 너야. — You are the one who lied to me.

□ 나를 미소짓게 하는 사람은 너야. — You are the one who makes me smile.

□ 마지막에 웃을 사람은 너야. laugh — You are the one who will laugh last.

□ 너는 그걸 할 수 있는 유일한 사람이야. — You are the only one who can do it.

□ 너는 그를 도울 수 있는 유일한 사람이야. — You are the only one who can help him.

□ 너는 그를 이길 수 있는 유일한 사람이야. — You are the only one who can beat him.

□ 너는 광둥어를 하는 유일한 사람이야. — You are the only one who speaks Cantonese.

□ 그것을 들은 사람은 내가 아니야. — I am not the one who heard that.

□ 너에게 전화한 사람은 내가 아니야. — I am not the one who called you.

체크하는 법 한글 해석만 읽고 영어로 말할 수 있으면 체크! ✓

책임져야 하는 사람은 내가 아니야.
responsible
I am not the one who is responsible.

이것에 대해 생각한 사람은 내가 아니야.
I am not the one who thought about this.

545 이걸 원하는 사람 있니?
Is there anyone who wants this?

나를 도울 수 있는 사람 있니?
Is there anyone who can help me?

우리를 구할 수 있는 사람 있니?
Is there anyone who can save us?

자원하고 싶은 사람 있니?
Is there anyone who wishes to volunteer?

546 나는 이곳에 오고는 했어.
I used to come here.

나는 그녀에 대해 생각하고는 했어.
I used to think about her.

나는 많이 먹고는 했어.
I used to eat a lot.

나는 그걸 좋아하고는 했어.
I used to like it.

547 나는 그것에 익숙해.
I am used to it.

나는 매운 음식에 익숙해.
I am used to spicy food.

나는 그 날씨에 익숙해.
I am used to the weather.

나는 늦게까지 일하는 것에 익숙해.
I am used to working late.

548 나는 그것에 익숙하지 않아.
I am not used to it.

나는 아이들에 익숙하지 않아.
I am not used to children.

나는 그들의 문화에 익숙하지 않아.
I am not used to their culture.

나는 애 돌보는 것에 익숙하지 않아.
babysitting
I am not used to babysitting.

549 나는 그것에 익숙해지고 있어.
I am getting used to it.

☐	나는 내 일에 익숙해지고 있어.	I am **getting used to** my work.
☐	나는 운전하는 것에 익숙해지고 있어.	I am **getting used to** driving.
☐	나는 여기 사는 것에 익숙해지고 있어.	I am **getting used to** living here.

550

☐ 내가 부자였으면 좋겠어.   I **wish I were** rich.

☐ 내가 새였으면 좋겠어.   I **wish I were** a bird.

☐ 내가 고양이였으면 좋겠어.   I **wish I were** a cat.

☐ 내가 대통령이였으면 좋겠어.   I **wish I were** a president.

551

☐ 내가 널 도울 수 있으면 좋겠어.   I **wish I could** help you.

☐ 내가 그것을 살 수 있으면 좋겠어.   I **wish I could** buy that.

☐ 내가 더 잘할 수 있으면 좋겠어.   I **wish I could** do better.

☐ 내가 잘 그릴 수 있으면 좋겠어.   I **wish I could** draw well.

552

☐ 나는 네가 이것을 하지 않으면 좋겠어.   I **wish you would not** do this.

☐ 나는 네가 울지 않으면 좋겠어.   I **wish you would not** cry.

☐ 나는 네가 그곳에 가지 않으면 좋겠어.   I **wish you would not** go there.

☐ 나는 네가 나를 노려보지 않으면 좋겠어. `stare`   I **wish you would not** stare at me.

553

☐ 나는 네가 그걸 좋아할 것을 알았어.   I **knew you would** like it.

☐ 나는 네가 그렇게 말할 것을 알았어.   I **knew you would** say that.

☐ 나는 네가 성공할 것을 알았어.   I **knew you would** make it.

☐ 나는 네가 함께 올 것을 알았어.   I **knew you would** come along.

체크하는 법 한글 해석만 읽고 영어로 말할 수 있으면 체크! ✓

554
- [ ] 나는 그것을 몰랐어.
I didn't know that.

- [ ] 나는 그것이 비밀이었는지 몰랐어.
I didn't know it was a secret.

- [ ] 나는 누가 그걸 했는지 몰랐어.
I didn't know who did that.

- [ ] 나는 네가 누구인지 몰랐어.
I didn't know who you were.

- [ ] 나는 그게 너인지 몰랐어.
I didn't know it was you.

555
- [ ] 나는 네가 운전할 수 있는지 몰랐어.
I didn't know you could drive.

- [ ] 나는 네가 기타를 칠 수 있는지 몰랐어.
I didn't know you could play guitar.

- [ ] 나는 네가 일본어를 할 수 있는지 몰랐어.
I didn't know you could speak Japanese.

- [ ] 나는 네가 그렇게 빨리 달릴 수 있는지 몰랐어.
I didn't know you could run so fast.

556
- [ ] 나는 그것이 사실이라고 생각했어.
I thought it was true.

- [ ] 나는 그것이 나의 잘못이라고 생각했어.
I thought it was my fault.

- [ ] 나는 그것이 실수라고 생각했어.
I thought it was a mistake.

- [ ] 나는 그것이 꿈이라고 생각했어.
I thought it was a dream.

557
- [ ] 나는 네가 내 친구라고 생각했어.
I thought you were my friend.

- [ ] 나는 네가 그의 여자 친구라고 생각했어.
I thought you were his girlfriend.

- [ ] 나는 네가 좋은 사람이라고 생각했어.
I thought you were a nice guy.

- [ ] 나는 네가 외국인이라고 생각했어.
I thought you were a foreigner.

558
- [ ] 나는 네가 그것을 좋아할 거라고 생각했어.
I thought you would like it.

- [ ] 나는 네가 승낙할 거라고 생각했어.
I thought you would say yes.

나는 네가 그것을 망칠 거라고 생각했어.   I thought you would mess it up.

나는 네가 다를 거라고 생각했어.   I thought you would be different.

너는 그녀를 만나본 적 있니?   Have you ever met her?

너는 이것을 시청해 본 적 있니?   Have you ever watched this?

너는 저곳에 가 본 적 있니?   Have you ever been there?

너는 이걸 들어본 적 있니?   Have you ever heard of this?

너는 중국에 가 본 적 있니?   Have you ever been to China?

너는 파리에 가 본 적 있니?   Have you ever been to Paris?

너는 스웨덴에 가 본 적 있니?   Have you ever been to Sweden?

너는 보스턴에 가 본 적 있니?   Have you ever been to Boston?

나는 이걸 시도해본 적이 없어.   I have never tried it.

나는 그걸 고려한 적이 없어. `considered`   I have never considered that.

나는 너에게 거짓말한 적이 없어.   I have never lied to you.

나는 그곳에 가 본 적이 없어.   I have never been there.

나는 중국에 간 적이 있어.   I have been to China.

나는 파리에 간 적이 있어.   I have been to Paris.

나는 미국에 간 적이 있어.   I have been to the States.

나는 런던에 간 적이 있어.   I have been to London.

나는 중국에 간 적이 없어.   I have never been to China.

□ 나는 파리에 간 적이 없어. | I have never been to Paris.

□ 나는 일본에 간 적이 없어. | I have never been to Japan.

□ 나는 시드니에 간 적이 없어. | I have never been to Sydney.

564

□ 나는 그것에 대해 생각해보지 않았어. | I have never thought about it.

□ 나는 이것에 대해 생각해보지 않았어. | I have never thought about this.

□ 나는 내 미래에 대해 생각해보지 않았어. | I have never thought about my future.

□ 나는 그 문제에 대해 생각해보지 않았어. | I have never thought about the matter.

565

□ 시골에 가 본 적 있니? countryside | Have you ever been to countryside?

□ 내 고향에 가 본 적 있니? | Have you ever been to my hometown?

□ 다른 나라에 가 본 적 있니? | Have you ever been to another country?

□ 다른 대륙에 가 본 적 있니? continent | Have you ever been to another continent?

566

□ 너는 아직 안 끝났어? | Have you done it yet?

□ 너는 아직 안 정했어? | Have you decided yet?

□ 너는 아직 서명 안 했어? | Have you signed yet?

□ 너는 아직 안 먹었어? | Have you eaten yet?

567

□ 나는 이미 끝냈어. | I have already finished.

□ 나는 이미 취소했어. | I have already canceled.

□ 나는 이미 그걸 읽었어. | I have already read it.

□ 나는 이미 등록했어. | I have already registered.

568 ☐ 나는 이미 떠나기로 결정했어.	I have already decided to leave.
☐ 나는 이미 은퇴하기로 결정했어.	I have already decided to retire.
☐ 나는 이미 그걸 사기로 결정했어.	I have already decided to buy it.
☐ 나는 이미 그와 결혼하기로 결정했어.	I have already decided to marry him.
569 ☐ 나는 아직 시작하지 않았어.	I haven't started yet.
☐ 나는 아직 끝내지 않았어.	I haven't finished yet.
☐ 나는 아직 취소하지 않았어.	I haven't canceled yet.
☐ 나는 아직 그것을 맛보지 않았어.	I haven't tried it yet.
570 ☐ 나는 열심히 공부했어야 했어.	I should have studied hard.
☐ 나는 네 말을 들었어야 했어.	I should have listened to you.
☐ 나는 그를 무시했어야 했어.	I should have ignored him.
☐ 나는 스페인어를 배웠어야 했어.	I should have learned Spanish.
571 ☐ 너는 나한테 말했어야 했어.	You should have told me.
☐ 너는 내 말을 들었어야 했어.	You should have listened to me.
☐ 너는 그와 결혼했어야 했어.	You should have married him.
☐ 너는 그걸 구매했어야 했어.	You should have purchased it.
572 ☐ 나는 널 사랑하지 말았어야 했어.	I should not have loved you.
☐ 나는 그것을 시작하지 말았어야 했어.	I should not have started it.
☐ 나는 너를 보내지 말았어야 했어.	I should not have let you go.

체크하는 법 한글 해석만 읽고 영어로 말할 수 있으면 체크! ✔

☐ 나는 그녀에게 거짓말하지 말았어야 했어.	**I should not have** lied to her.
☐ 너는 그것을 하지 말았어야 했어.	**You should not have** done it.
☐ 너는 그것을 말하지 말았어야 했어.	**You should not have** said that.
☐ 너는 그것을 팔지 말았어야 했어.	**You should not have** sold it.
☐ 너는 그것에 서명하지 말았어야 했어.	**You should not have** signed it.
☐ 그는 틀림없이 거짓말을 했어.	**He must have** lied.
☐ 그는 틀림없이 그녀에게 말했어.	**He must have** told her.
☐ 그는 틀림없이 실수했어.	**He must have** made a mistake.
☐ 그는 틀림없이 졸았어.	**He must have** dozed off.
☐ 그것은 그를 만날 좋은 기회야.	**It's a good chance to** meet him.
☐ 그것은 돈을 벌 좋은 기회야.	**It's a good chance to** make money.
☐ 그것은 득점할 좋은 기회야.	**It's a good chance to** score.
☐ 그것은 패배를 갚아줄 좋은 기회야. avenge	**It's a good chance to** avenge the defeat.
☐ 나는 요리하는 것이 처음이야.	**It's my first time to** cook.
☐ 나는 이곳에 방문하는 것이 처음이야.	**It's my first time to** visit here.
☐ 나는 뮤지컬 보는 것이 처음이야.	**It's my first time to** watch a musical.
☐ 나는 머리를 염색하는 것이 처음이야. dye	**It's my first time to** dye my hair.
☐ 너는 이곳에 오는 것이 처음이니?	**Is it your first time to** come here?
☐ 너는 이걸 맛본 것이 처음이니?	**Is it your first time to** taste this?

573
574
575
576
577

너는 서울을 방문한 것이 처음이니?	Is it your first time to visit Seoul?
너는 뮤지컬 보는 게 처음이니?	Is it your first time to watch a musical?

578
수영하러 가자.	Let's go for a swim.
산책하러 가자.	Let's go for a walk.
조깅하러 가자.	Let's go for a run.
드라이브하러 가자.	Let's go for a ride.

579
똑똑해지자.	Let's be smart.
정직해지자.	Let's be honest.
진지해지자.	Let's be serious.
진솔해지자.	Let's be real.

580
그것을 시도해보는 것은 좋은 생각이야.	It's a good idea to try it.
그곳에 가는 것은 좋은 생각이야.	It's a good idea to go there.
온라인 광고를 이용하는 것은 좋은 생각이야.	It's a good idea to use online ads.
아르바이트를 하는 것은 좋은 생각이야.	It's a good idea to work part time.

581
내버려 둬.	Let it go.
일이 일어나게 내버려 둬.	Let it happen.
작동하도록 내버려 둬.	Let it run.
있는 그대로 내버려 둬.	Let it be.

582
내가 볼게.	Let me see.

☐ 내가 해 볼게.	Let me try.
☐ 내게 알려줘.	Let me know.
☐ 내가 도와줄게.	Let me help you.
☐ 내가 먼저 갈게.	Let me go first.

583

☐ 그것에 대해 생각해볼게.	Let me think about it.
☐ 네 계획에 대해 생각해볼게.	Let me think about the plan.
☐ 네 생각에 대해 생각해볼게.	Let me think about your idea.
☐ 네 제안에 대해 생각해볼게.	Let me think about your suggestion.

584

☐ 네게 그것에 대해 말해줄게.	Let me tell you about it.
☐ 네게 그녀에 대해 말해줄게.	Let me tell you about her.
☐ 네게 나에 대해서 말해줄게.	Let me tell you about myself.
☐ 네게 그 얘기에 대해서 말해줄게.	Let me tell you about the story.

585

☐ 포기하는 것은 좋은 생각이 아니야.	It's not a good idea to give up.
☐ 버스를 타는 것은 좋은 생각이 아니야.	It's not a good idea to take a bus.
☐ 직장을 그만두는 것은 좋은 생각이 아니야.	It's not a good idea to quit your job.
☐ 밤새 벼락치기 하는 것은 좋은 생각이 아니야. cram	It's not a good idea to cram all night.

586

☐ 그것을 시작하기에 좋은 때가 아니야.	It's not a good time to start it.
☐ 그를 방문하기에 좋은 때가 아니야.	It's not a good time to visit him.
☐ 주식을 사기에 좋은 때가 아니야.	It's not a good time to buy stocks.

☐ 수다를 떨기에 좋은 때가 아니야.	It's not a good time to chat.

☐ 그것을 하기는 힘들어.	It's hard to do it.
☐ 그것을 믿기는 힘들어.	It's hard to believe it.
☐ 그를 설득하기는 힘들어. persuade	It's hard to persuade him.
☐ 작별 인사를 하기는 힘들어.	It's hard to say goodbye.

☐ 그것을 하기는 힘들지 않아.	It's not hard to do it.
☐ 혼자 사는 것은 힘들지 않아.	It's not hard to live alone.
☐ 수동차를 운전하는 것은 힘들지 않아.	It's not hard to drive stick.
☐ 그것들을 외우는 것은 힘들지 않아.	It's not hard to memorize them.

☐ 그를 사랑하지 않기는 힘들어.	It's hard not to love him.
☐ 그것을 생각하지 않기는 힘들어.	It's hard not to think about it.
☐ 눈물을 흘리지 않기는 힘들어. shed	It's hard not to shed tears.
☐ 웃음을 터뜨리지 않기는 힘들어. burst	It's hard not to burst out laughing.

☐ 이것을 해줘서 고마워.	It's kind of you to do this.
☐ 그렇게 말해줘서 고마워.	It's kind of you to say that.
☐ 나를 초대해줘서 고마워.	It's kind of you to invite me.
☐ 나를 차로 태워다 줘서 고마워.	It's kind of you to give me a ride.

☐ 나를 떠나지 않아서 고마워.	It's kind of you not to leave me.
☐ 나를 방해하지 않아서 고마워.	It's kind of you not to disturb me.

☐ 나를 비난하지 않아서 고마워.	It's kind of you not to blame me.
☐ 아무 말도 하지 않아서 고마워.	It's kind of you not to say anything.
592 ☐ 그것을 이해하는 것은 나에게 쉽지 않아.	It's not easy for me to understand it.
☐ 그를 용서하는 것은 나에게 쉽지 않아.	It's not easy for me to forgive him.
☐ 너를 보내는 것은 나에게 쉽지 않아.	It's not easy for me to let you go.
☐ 그걸 잊는 것은 나에게 쉽지 않아.	It's not easy for me to forget about it.
593 ☐ 그것을 이해하는 것은 누구에게도 쉽진 않아.	It's not easy for everybody to understand it.
☐ 혼자 사는 것은 누구에게도 쉽진 않아.	It's not easy for everybody to live alone.
☐ 아이를 키우는 것은 누구에게도 쉽진 않아. raise	It's not easy for everybody to raise a kid.
☐ 그런 것을 잊는 것은 누구에게도 쉽진 않아.	It's not easy for everybody to forget something like that.
594 ☐ 어차피 그걸 찾는 것은 가능하지도 않아.	It's not even possible to find it anyway.
☐ 그걸 실제로 보는 것은 가능하지도 않아.	It's not even possible to see that for real.
☐ 어차피 그곳에 가는 것은 가능하지도 않아.	It's not even possible to go there anyway.
☐ 어차피 그것을 취소하는 것은 가능하지도 않아.	It's not even possible to cancel it anyway.
595 ☐ 운전하는 것은 귀찮아.	It's bothersome to drive.
☐ 병원에 가는 것은 귀찮아.	It's bothersome to go to hospital.
☐ 그녀를 돌보는 것은 귀찮아.	It's bothersome to babysit her.
☐ 설거지를 하는 것은 귀찮아.	It's bothersome to do the dishes.
596 ☐ 여기에 주차하는 것은 안 돼.	It's not allowed to park here.

☐ 여기서 담배 피우는 것은 안 돼.	It's not allowed to smoke here.
☐ 사진 찍는 것은 안 돼.	It's not allowed to take pictures.
☐ 물고기에게 먹이를 주는 것은 안 돼. **feed**	It's not allowed to feed fish.
597 ☐ 나는 공부하는 중이야.	I am in the middle of studying.
☐ 나는 일하는 중이야.	I am in the middle of working.
☐ 나는 무언가 하는 중이야.	I am in the middle of doing something.
☐ 나는 그걸 검토하는 중이야.	I am in the middle of reviewing it.
598 ☐ 나는 집에 가는 중이야.	I am on the way home.
☐ 나는 학교에 가는 중이야.	I am on the way to school.
☐ 나는 공원에 가는 중이야.	I am on the way to the park.
☐ 나는 백화점에 가는 중이야. **mall**	I am on the way to the mall.
599 ☐ 나는 일할 기분이 아니야.	I am not in the mood for working.
☐ 나는 말할 기분이 아니야.	I am not in the mood for talking.
☐ 나는 어떤 것도 할 기분이 아니야.	I am not in the mood for anything.
☐ 나는 게임을 할 기분이 아니야.	I am not in the mood for games.
600 ☐ 나는 식사할 기분이 아니야.	I am not in the mood to eat.
☐ 나는 외출할 기분이 아니야.	I am not in the mood to go out.
☐ 나는 그를 만날 기분이 아니야.	I am not in the mood to meet him.
☐ 나는 너와 이야기할 기분이 아니야.	I am not in the mood to talk with you.

4

난 Tom의 농담에
웃음으로만
얼버무리지 않아.

Tom이 아래 문장을 이해하기란 매우 어렵겠죠.

벼는 익을수록 고개를 숙인다.

한국에서 태어난 우리 또한 Tom이 하는 농담을 전부 이해할 수는 없습니다. 당연합니다. 문화적인 코드가 서로 다르니까요. 그리고 관용적 표현이란 건 대개 그 언어에 능통해야만 알아들을 수 있으니까요. 우리의 친구 Tom은 그럴 리가 없겠지만, 누군가 어려운 말로 당신을 놀리고 있는데 당신이 그것을 알아들은 척 잇몸 미소를 지어 보인다면 그것처럼 억울한 일이 없겠죠.

그렇지만 이 단계까지 올라온 여러분에게 그런 일은 발생하기 어려울 것입니다. 여러분이 최소한의 '눈치'를 갖기 위한 영어는 이제 다 배웠으니까요.

동사의 변신 3

이 장을 배우기에 앞서
형용사의 개념부터 먼저 짚어 보겠습니다.
형용사에는 두 가지 역할이 있습니다.
명사를 수식하는 것과
보어 구실을 하는 것이 바로 그것이죠.

그런데 본래 형용사로 태어나지 않았지만 **형용사의 역할**을 하는 것이 있습니다.
to부정사, 전치사구, 분사가 바로 그것입니다.
알아둬야 할 점은 형용사가 두 단어 이상으로 이루어져 있으면
명사의 뒤에서 명사를 꾸민다는 점입니다.

또한, –thing, –one, –body로 끝나는 명사를
꾸밀 때에도 형용사가 뒤에 옵니다.

something fun
어떤 것   재밌는
명사   형용사

방금 전에 분사가 형용사 역할을 한다는 점에 대해 얘기했습니다.
옆에서 영어공부를 하던 친구가 *분사가 뭐야?*라고 물어보네요.
우리는 자신있게 대답하면 됩니다. *분사는 형용사야.*

친구가 *그럼 왜 형용사라고 부르지 않고 분사라고 불러?* 라고 물어본다면,
우리는 이렇게 대답하면 됩니다.
원래 동사였는데 형용사로 바뀌어서 이름을 분사라고 따로 붙인 거야.

다시 말하자면, 분사는 본래 동사로 태어났지만, 형용사로 바뀐 것을 말합니다.

I saw a walking man.
나는 걷는 남자를 보았다.

CHECK ☐

분사의 종류에는 현재분사와 과거분사가 있습니다.
현재분사는 **진행 · 능동**의 의미를, **과거분사**는 **완료 · 수동**의 의미를 갖습니다.
현재분사를 만드는 방법은 간단합니다. 동사원형에 *ing*를 붙여주면 됩니다.

Water was boiled.
물이 끓여졌다.

CHECK ☐

과거분사는 *ed*를 붙이면 되는 규칙변화와 불규칙변화가 있습니다.
go, *went*, *gone* 기억나시죠? 불규칙변화하는 동사였죠.
세 번째 끝에 있는 *gone*이 바로 과거분사입니다.

현재분사	과거분사
동사 + ing	동사 + ed
진행, 능동	완료, 수동
crying 우는 cry 울다 + ing	boiled 끓여진 boil 끓이다 + ed

이렇게 만들어진 분사는 형용사와 같은 역할을 하게 됩니다.

울고 있는 아기
crying baby
명사 수식

물이 끓여졌다.
Water was boiled.
보어

감정을 나타내는 분사

현재분사 : ~하는 감정을 유발하는

과거분사 : ~하는 감정을 느끼는

이렇게 따로 분사를 배우는 이유가 있습니다.
바로 감정을 나타내는 방법을 배우기 위해서죠.
분사는 동사를 변형해 형용사로 만든 것이라고 하였습니다.
그런데, 영어에서 감정을 나타내는 동사들의 대부분은 이런 식입니다.
실망하다가 아닌 실망시키다, 감동하다가 아닌 감동시키다,
놀라다가 아닌 놀라게 하다, 흥미로워하다가 아닌 흥미롭게 하다인 거죠.
그렇기 때문에 분사에서는 다음과 같은 흥미로운 특징을 발견할 수 있습니다.

예를 들어 *disappoint*에서 파생된 분사들로 두 가지 분사의 차이를 확인해 볼까요?
그림을 보니 한 소년이 화분을 깨트렸네요. 이 상황을 이렇게 묘사할 수 있습니다.

실망시키는
disappointing

그 소년은 (아버지를) 실망시킨다.
The boy is disappointing.

실망한
disappointed

그 아버지는 실망감을 느낀다.
The father is disappointed.

결론을 내려보자면, **남에게 어떠한 감정을 유발**하면 **현재분사**,
그런 감정을 **본인이 직접 느끼면 과거분사**를 사용하는 것입니다.

✽ 감정을 나타내는 동사와 표현

감정을 나타내는 분사에 대해 배웠습니다.
분사는 동사에서 파생된 것이므로 동사부터 차근차근 익히는 것이 좋습니다.

놀라움	surprise, amaze, alarm 놀라게 하다, frighten 경악하게 하다
기쁨	delight, amuse, please 기쁘게 하다
당황	embarrass 당황시키다, puzzle 복잡하게 하다, confuse 혼란스럽게 하다
실망, 걱정	discourage 낙담시키다, depress 우울하게 하다, worry 걱정시키다
그 외	satisfy 만족시키다, excite 흥분하게 하다, interest 흥미롭게 하다, move 감동시키다, bore 지루하게 하다, tire 피곤하게 하다

감정을 나타내는 분사들은 전치사와 함께 쓰이는 경우가 많습니다.
일반적으로 *by*가 많이 쓰이는데 다른 전치사가 쓰이는 특별한 경우들도 꼭 알아둬야 합니다.

be surprised at ~에 놀라다   be scared of ~를 무서워하다
be pleased with ~에 기뻐하다   be embarrassed with ~에 난처하다
be satisfied with ~에 만족하다   be annoyed at ~에 짜증나다

조동사 맞아?

I would rather go.
나는 차라리 가겠다.

CHECK ☐

would rather, had better, ought to, used to
위의 네 가지는 조동사처럼 생기지 않았지만, 실은 조동사입니다.
다른 조동사들처럼 동사 앞에 사용되어 문장의 뜻을 더욱 풍부하게 해주죠.

would rather	차라리 ~하겠다	had better	~하는 것이 낫다
I would rather go.	나는 차라리 가겠다.	I had better go.	나는 가는 것이 좋겠다.
ought to	~해야만 한다	used to	~를 하곤 했었다
I ought to go.	나는 가야만 한다.	I used to go.	나는 가곤 했었다.

would rather	다른 것과의 **비교가 선행**되어야 합니다. 즉, 다른 것보다는 이게 더 낫다는 **선호**의 관점에서 사용됩니다.
had better	꼭 **~하는 게 좋겠다**는 **경고** 혹은 **조언**을 할 때에 사용됩니다.
ought to	**~해야만 한다**는 뜻으로, **반드시 시행해야 하는 의무**를 표현할 때 사용합니다.
used to	**would** 도 **used to** 처럼 과거에 **~하곤 했었다**라는 뜻을 갖고 있지만, **used to** 를 사용하면 **과거의 행동뿐만 아니라 상태도 설명**할 수 있습니다.

The building would be here. ·············· x
The building used to be here. ·············· o   그 빌딩은 여기 있었어.

부정문, 의문문으로 변형하기 | 지금 배운 네 조동사는 부정문, 의문문을 만드는 방법이
다른 조동사들과는 조금 다릅니다.

• would rather ·······	You would rather go.	네가 차라리 가는 게 낫겠다.
	You would rather not go.	네가 차라리 가지 않는 게 낫겠다.
	Would you rather go?	너는 차라리 가는 게 낫니?
• had better ·········	You had better go.	네가 가는 게 좋겠다.
	You had better not go.	네가 가지 않는 게 좋겠다.
	Had you better go?	너는 가는 게 좋겠니?
• ought to ·········	You ought to go.	너는 가야만 한다.
	You ought not to go.	너는 가지 말아야 한다.
• used to ·········	You used to go.	너는 가곤 했다.
	You used to not go.	너는 가지 않곤 했다.
	Did you use to go?	너는 가곤 했니?

목적어 + 보어 문장

★ 5형식 문장

She made me a chef.
그녀가 나를 셰프로 만들었다.

CHECK ☐

보어는 보충 설명하는 요소라 배웠습니다.
주어를 보충 설명하면 **주격보어**, 목적어를 보충 설명하면 **목적격보어**라 합니다.

┌ I = a chef ┐
· I am a chef.   나는 셰프다.

┌ me = a chef ┐
· She made me a chef.   그녀는 나를 셰프로 만들었다.

첫 번째 문장에서 *a chef*는 주어인 *I*를 보충 설명하므로 주격보어입니다.
주격보어의 자리에는 오로지 명사와 형용사만 올 수 있습니다.
두 번째 문장에서 *a chef*는 목적어인 *me*를 보충 설명해주고 있습니다.
이때는 그녀가 아닌 내가 셰프이고,
이럴 때 *a chef*는 목적격보어입니다.
목적격보어 자리에는 다양한 형태들이 들어올 수 있습니다.
명사, 형용사, *to*부정사, 동사원형, 분사 등이 말이죠.

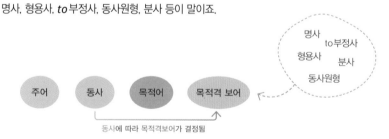

주어 동사 목적어 목적격 보어

명사
to부정사
형용사
분사
동사원형

동사에 따라 목적격보어가 결정됨

동사에 따른 목적격보어의 형태

call, name, elect, make...
- 명사

나는 그를 잭이라 부른다.

I **call** **him** **Jack.**
└ 부른다 ┘ └ 잭 ┘
　동사　　　명사

think, find, keep, believe...
- 형용사

나는 그 책이 어렵다고 생각한다.

I **think** **the book** **difficult.**
└ 생각하다 ┘ └ 어려운 ┘
　　동사　　　　　형용사

want, need, order, cause, get...
- to부정사

나는 네가 가기를 원한다.

I **want** **you** **to go.**
└ 원하다 ┘ └ 가기 ┘
　동사　　　to부정사

See, feel, watch, hear... 지각동사
- 동사원형

나는 네가 가는 것을 본다.

I **see** **you** **go.**
└ 보다 ┘ └ 가다 ┘
　동사　　　동사원형

지각동사의 경우 전체가 아닌 일부 장면만을 보았다면 동사원형 대신 현재분사인 ing를 써도 됩니다.

- 나는 네가 가는 모습 전체를 본다.　　I see you go.
- 나는 네가 가는 모습 중 일부 장면을 본다.　　I see you going.

have, make, let 사역동사
- 동사원형

나는 네가 가도록 시킨다.

I **have** **you** **go.**
└ 시키다 ┘ └ 가다 ┘
　동사　　　동사원형

help가 동사로 쓰인 경우 **목적격보어 자리에는 동사원형, to 부정사** 둘 다 올 수 있으며 해석은 동일합니다.

- 나는 네가 가는 것을 돕는다.　　I help you go.
　　　　　　　　　　　　　　　I help you to go.

❋ 목적격보어에 과거분사가 오는 경우

목적어와 목적격보어의 관계가 **~되다(수동)**로 해석되면, 목적격보어로 과거분사를 씁니다.

- 나는 그가 피아노를 연주하는 것을 보았다.　I saw him play the piano.
- 나는 피아노가 연주되는 것을 보았다.　I saw the piano played.

★ 수동태

The piano is played by me.
피아노는 나에 의해 연주된다.

CHECK ☐

＊ 능동태 ·········· 나는 피아노를 연주한다.

· I play the piano.
　나는　연주한다　피아노를

＊ 수동태 ·········· 피아노는 나에 의해 연주된다.

· The piano is played by me.
　피아노는　　　연주된다　　나에 의해

위의 두 문장은 실은 같은 문장입니다. 하지만 뉘앙스가 다르죠.
하나는 연주를 하고 있는 **나**를 중심으로 서술했고,
다른 하나는 연주가 되고 있는 **피아노**를 중심으로 서술했습니다.
나를 중심으로 서술할 땐 **능동태**, **피아노를 중심**으로 서술할 땐 **수동태**라 합니다.
이처럼 **행동의 대상이 중요하다고 생각하는 경우 수동태**로 표현할 수 있습니다.
해석은 **~되다**로 합니다.

그렇다면 언제 수동 표현을 쓸 수 있을까요?
저 문장에서는 피아노가 있어야 쓸 수 있겠죠?
즉, 행동의 대상인 목적어가 있어야
수동 표현을 쓸 수 있습니다.

목적어가 있습니까?

O   X

수동태 가능   수동태 불가능

수동태를 함께 만들어 보겠습니다.
목적어를 주어 자리로 옮기고, 동사는 *be*+과거분사로 바꿔주면 됩니다.
이때 *be*동사는 새로운 주어에 의해 형태가 결정됩니다.
그리고 원래 주어였던 성분은 맨 뒤에 *by*와 함께 붙여줍니다.

| I | play | the piano | . |

↓

| The piano | is played | by me | . |

자주 쓰이는 표현

- **ask for** — ~을 요구하다
- **depend on** — ~에 의존하다
- **look into** — ~을 알아보다
- **look for** — ~을 찾다
- **can afford to** — ~을 살 여유가 되다
- **look forward to** — ~을 고대하다
- **keep an eye on** — ~을 예의주시하다
- **look up to** — ~을 존경하다
- **would like to v** — v를 하고 싶어 하다
- **make sure to v** — 꼭 v하도록 하다
- **be surprised to v** — v해서 놀라다
- **be supposed to v** — v 해야 한다
- **enough to v** — v하기에 충분하다
- **too ~ to v** — 너무 ~해서 v할 수 없다
- **be about to v** — 막 v하려고 하다
- **be willing to v** — 기꺼이 v하다

체크하는 법 한글 해석만 읽고 영어로 말할 수 있으면 체크! ✔

601
☐	나는 그걸 살 형편이 안 돼.	I cannot afford to buy it.
☐	나는 그곳에 갈 형편이 안 돼.	I cannot afford to go there.
☐	나는 대학에 갈 형편이 안 돼.	I cannot afford to go to college.
☐	나는 건강한 식품을 먹을 형편이 안 돼.	I cannot afford to eat healthy.

602
☐	너에게 달렸어.	It depends on you.
☐	그것은 날씨에 달렸지.	It depends on the weather.
☐	그것은 상황에 따라 다르지.	It depends on the situation.
☐	그것은 각각의 개인에 따라 다르지. individual	It depends on each individual.

603
☐	이것을 좀 지켜봐 주세요.	Please keep an eye on it.
☐	제 가방을 지켜봐 주세요.	Please keep an eye on my bag.
☐	제 아이들을 지켜봐 주세요.	Please keep an eye on my kids.
☐	제 차를 지켜봐 주세요.	Please keep an eye on my car.

604
☐	꼭 문을 잠그도록 해.	Make sure to lock the door.
☐	꼭 불을 끄도록 해.	Make sure to turn off the lights.
☐	꼭 그것을 업데이트하도록 해.	Make sure to update it.
☐	꼭 예약하도록 해.	Make sure to make a reservation.

605
☐	그들이 안전한지 꼭 확인해 주세요.	Please Make sure they are safe.
☐	그가 자고 있는지를 꼭 확인해 주세요.	Please Make sure he is asleep.
☐	그게 켜져 있는지를 꼭 확인해 주세요.	Please Make sure it is on.

☐	그것이 고쳐졌는지를 꼭 확인해 주세요.	Please Make sure it is fixed.

☐ 나는 너무 피곤해서 일할 수가 없어.	I am too tired to work.
☐ 나는 너무 피곤해서 공부할 수가 없어.	I am too tired to study.
☐ 나는 너무 피곤해서 외출할 수가 없어.	I am too tired to go out.
☐ 나는 너무 피곤해서 아무것도 할 수 없어.	I am too tired to do anything.

☐ 나는 그것이 기대돼.	I look forward to it.
☐ 나는 네 답장이 기대돼.	I look forward to your reply.
☐ 나는 너를 만나는 것이 기대돼.	I look forward to meeting you.
☐ 나는 널 다시 보는 것이 기대돼.	I look forward to seeing you again.

☐ 그것을 하는 가장 좋은 방법이 뭘까?	What is the best way to do it?
☐ 돈을 벌 수 있는 가장 좋은 방법이 뭘까?	What is the best way to make money?
☐ 광고를 하는 가장 좋은 방법이 뭘까? advertise	What is the best way to advertise?
☐ 그녀에게 데이트 신청할 가장 좋은 방법이 뭘까?	What is the best way to ask her out?

☐ 나는 그걸 기대하고 있어.	I am looking forward to it.
☐ 나는 네 응답을 기대하고 있어.	I am looking forward to your response.
☐ 나는 너와 일하는 것을 기대하고 있어.	I am looking forward to working with you.
☐ 나는 널 다시 보는 것을 기대하고 있어.	I am looking forward to seeing you again.

☐ 그걸 하지 않을 최고의 방법이 뭘까?	What is the best way not to do it?
☐ 돈을 잃지 않을 가장 좋은 방법이 뭘까?	What is the best way not to lose money?

체크하는 법 한글 해석만 읽고 영어로 말할 수 있으면 체크! ✓

☐ 코 골지 않을 가장 좋은 방법이 뭘까? snore

What is the best way not to snore?

☐ 숙취가 생기지 않을 가장 좋은 방법이 뭘까?

What is the best way not to get a hangover?

611

☐ 유일한 방법은 나를 믿는 거야.

The only way is to believe me.

☐ 유일한 방법은 지금 떠나는 거야.

The only way is to leave now.

☐ 유일한 방법은 지름길을 택하는 거야.

The only way is to take a shortcut.

☐ 유일한 방법은 규칙을 바꾸는 거야.

The only way is to change rules.

612

☐ 나는 막 떠나려고 했었어.

I was about to leave.

☐ 나는 너에게 전화하려고 했었어.

I was about to call you.

☐ 나는 네게 이메일을 보내려고 했었어.

I was about to email you.

☐ 나는 네게 문자를 보내려고 했었어.

I was about to text you.

613

☐ 나는 돈을 요구하는 것이 아니야.

I am not asking for money.

☐ 나는 네 도움을 요청하는 것이 아니야.

I am not asking for your help.

☐ 나는 네 용서를 구하는 것이 아니야. forgiveness

I am not asking for your forgiveness.

☐ 나는 네 허락을 구하는 것이 아니야. permission

I am not asking for your permission.

614

☐ 나는 노래에 소질이 있어.

I am good at singing.

☐ 나는 요리에 소질이 있어.

I am good at cooking.

☐ 나는 수영에 소질이 있어.

I am good at swimming.

☐ 나는 수학에 소질이 있어.

I am good at math.

615

☐ 나는 노래에 소질이 없어.

I am terrible at singing.

□ 나는 요리하는 것에 소질이 없어.　　I am terrible at cooking.

□ 나는 춤에 소질이 없어.　　I am terrible at dancing.

□ 나는 체스에 소질이 없어. `chess`　　I am terrible at chess.

616

□ 나는 사람들과 잘 지내.　　I am good with people.

□ 나는 가족과 잘 지내.　　I am good with my family.

□ 나는 이웃들과 잘 지내. `neighbors`　　I am good with neighbors.

□ 나는 동료들과 잘 지내. `colleagues`　　I am good with colleagues.

617

□ 너는 노래에 소질이 있어.　　You are good at singing.

□ 너는 요리에 소질이 있어.　　You are good at cooking.

□ 너는 그림에 소질이 있어.　　You are good at drawing.

□ 너는 모든 것에 소질이 있어.　　You are good at everything.

618

□ 너는 요리에 소질이 있니?　　Are you good at cooking?

□ 너는 운전에 소질이 있니?　　Are you good at driving?

□ 너는 글쓰기에 소질이 있니?　　Are you good at writing?

□ 너는 일본어 회화에 소질이 있니?　　Are you good at speaking Japanese?

619

□ 나는 그 소식에 놀랐어.　　I am surprised at the news.

□ 나는 네 노래에 놀랐어.　　I am surprised at your singing.

□ 나는 네 태도에 놀랐어.　　I am surprised at your attitude.

□ 나는 결과에 놀랐어.　　I am surprised at the result.

체크하는 법 한글 해석만 읽고 영어로 말할 수 있으면 체크! ✔

620

☐ 나는 그걸 듣고서 놀랐어.	I am surprised to hear that.
☐ 나는 너를 여기에서 봐서 놀랐어.	I am surprised to see you here.
☐ 나는 그걸 배우고 나서 놀랐어.	I am surprised to learn that.
☐ 나는 너에 대해 알고 나서 놀랐어.	I am surprised to know about you.

621

☐ 나는 그것에 대해 화가 나.	I am upset about it.
☐ 나는 너에 대해 화가 나.	I am upset about you.
☐ 나는 나에 대해 화가 나.	I am upset about myself.
☐ 나는 그녀에 대해 화가 나.	I am upset about her.

622

☐ 나는 너한테 화가 나.	I am angry at you.
☐ 나는 나 자신에게 화가 나.	I am angry at myself.
☐ 나는 그에게 화가 나.	I am angry at him.
☐ 나는 그녀에게 화가 나.	I am angry at her.

623

☐ 나는 너한테 몹시 화가 나.	I am mad at you.
☐ 나는 나 자신에게 몹시 화가 나.	I am mad at myself.
☐ 나는 그들에게 몹시 화가 나.	I am mad at them.
☐ 나는 내 여자친구에게 몹시 화가 나.	I am mad at my girlfriend.

624

☐ 너는 나에게 화가 났니?	Are you angry at me?
☐ 너는 그녀에게 화가 났니?	Are you angry at her?
☐ 너는 네 남편에게 화가 났니?	Are you angry at your husband?

☐ 나는 네 말에 전적으로 동의해.　　I totally agree with you.

☐ 나는 이것에 전적으로 동의해.　　I totally agree with this.

☐ 나는 그녀에게 전적으로 동의해.　　I totally agree with her.

☐ 나는 내 사장님에게 전적으로 동의해.　　I totally agree with my boss.

☐ 나는 네가 너무 좋아.　　I am crazy about you.

☐ 나는 그녀가 너무 좋아.　　I am crazy about her.

☐ 나는 개들이 너무 좋아.　　I am crazy about dogs.

☐ 나는 컴퓨터 게임이 너무 좋아.　　I am crazy about computer games.

☐ 나는 그것이 걱정돼.　　I am worried about it.

☐ 나는 네가 걱정돼.　　I am worried about you.

☐ 나는 내 성적이 걱정돼.　　I am worried about my grade.

☐ 나는 그의 건강이 걱정돼.　　I am worried about his health.

☐ 너는 내가 걱정되니?　　Are you worried about me?

☐ 너는 그 시험이 걱정되니?　　Are you worried about the test?

☐ 너는 네 미래가 걱정되니?　　Are you worried about your future?

☐ 너는 지구 온난화가 걱정되니? `global`　　Are you worried about global warming?

☐ 나는 그것이 걱정돼.　　I am concerned about it.

☐ 나는 네가 걱정돼.　　I am concerned about you.

☐ 나는 그녀가 걱정돼.　　I am concerned about her.

체크하는 법 한글 해석만 읽고 영어로 말할 수 있으면 체크! ✔

| □ 나는 지붕이 염려돼. roof | I am concerned about the roof. |

630

□ 나는 그가 무서워. — I am afraid of him.

□ 나는 내 선생님이 무서워. — I am afraid of my teacher.

□ 나는 높은 곳이 무서워. heights — I am afraid of heights.

□ 나는 실수하는 것이 무서워. — I am afraid of making mistakes.

631

□ 나는 그것이 두려워. — I am scared of it.

□ 나는 그 고양이가 무서워. — I am scared of the cat.

□ 나는 유령이 무서워. — I am scared of ghosts.

□ 나는 주사 맞는 것이 무서워. injections — I am scared of injections.

632

□ 나는 네가 무섭지 않아. — I am not afraid of you.

□ 나는 죽음이 무섭지 않아. — I am not afraid of death.

□ 나는 어둠이 무섭지 않아. darkness — I am not afraid of the darkness.

□ 나는 어떤 것도 무섭지 않아. — I am not afraid of anything.

633

□ 너는 내가 무섭니? — Are you afraid of me?

□ 너는 그가 무섭니? — Are you afraid of him?

□ 너는 큰 개가 무섭니? — Are you afraid of big dogs?

□ 너는 실패가 무섭니? failure — Are you afraid of the failure?

634

□ 나는 이걸 하는 것이 무서워. — I am afraid to do this.

□ 나는 그를 만나는 것이 무서워. — I am afraid to meet him.

☐ 나는 이걸 말하는 것이 무서워.	**I am afraid to** say this.
☐ 나는 거기에 가는 것이 무서워.	**I am afraid to** go there.
635 ☐ 나는 죽는 것이 무섭지 않아.	**I am not afraid to** die.
☐ 나는 그와 싸우는 것이 무섭지 않아.	**I am not afraid to** fight him.
☐ 나는 독립하는 것이 무섭지 않아.	**I am not afraid to** stand alone.
☐ 나는 앞으로 나아가는 것이 무섭지 않아. forward	**I am not afraid to** move forward.
636 ☐ 너는 죽는 것이 무섭니?	**Are you afraid to** die?
☐ 너는 실패하는 것이 무섭니?	**Are you afraid to** fail?
☐ 너는 이혼하는 것이 무섭니? divorce	**Are you afraid to** divorce?
☐ 너는 결정을 내리는 것이 무섭니?	**Are you afraid to** make a decision?
637 ☐ 미안하지만 나는 못할 것 같아.	**I am afraid I** can't.
☐ 미안하지만 나는 가야할 것 같아.	**I am afraid I** have to go.
☐ 미안하지만 나는 동의할 수 없을 것 같아.	**I am afraid I** disagree.
☐ 미안하지만 나는 할 수 없을 것 같아. be able to	**I am afraid I** will not be able to.
638 ☐ 나한테 전화하는 것을 잊지 마.	**Don't forget to** call me.
☐ 문 잠그는 것을 잊지 마.	**Don't forget to** lock the doors.
☐ 나를 데리러 오는 것을 잊지 마.	**Don't forget to** pick me up.
☐ 자외선 차단제 바르는 것을 잊지 마.	**Don't forget to** use sunscreen.
639 ☐ 너는 나에게 말하는 것을 잊었어.	**You forgot to** tell me .

체크하는 법 한글 해석만 읽고 영어로 말할 수 있으면 체크! ✓

□ 너는 문 잠그는 것을 잊었어.	**You forgot to** lock the doors.
□ 너는 그걸 끄는 것을 잊었어.	**You forgot to** turn it off.
□ 너는 파일을 첨부하는 것을 잊었어. attach	**You forgot to** attach the file.
□ 나는 그것이 생각나지 않아.	**I cannot think of** it.
□ 나는 아무것도 생각나지 않아.	**I cannot think of** anything.
□ 나는 적당한 단어가 생각나지 않아.	**I cannot think of** the right word.
□ 나는 말할 것들이 생각나지 않아.	**I cannot think of** things to say.
□ 나는 너를 절대 잊지 않을 거야.	**I will never forget** you
□ 나는 이날을 절대 잊지 않을 거야.	**I will never forget** this day.
□ 나는 이 순간을 절대 잊지 않을 거야.	**I will never forget** this moment.
□ 나는 너의 친절함을 절대 잊지 않을 거야. kindness	**I will never forget** your kindness.
□ 나는 몰라.	**I don't know.**
□ 나는 정답을 몰라. answer	**I don't know** the answer.
□ 나는 너에 대해서 몰라.	**I don't know** about you.
□ 나는 과정을 몰라.	**I don't know** the process.
□ 나는 그 규칙을 몰라.	**I don't know** about the rules.
□ 나는 아무것도 몰라.	**I don't know** anything.
□ 나는 그것에 대한 것을 아무것도 몰라.	**I don't know anything about** it.
□ 나는 너에 대한 것을 아무것도 몰라.	**I don't know anything about** you.

640
641
642
643

☐ 나는 그에 대한 것을 아무것도 몰라.	I don't know anything about him.
☐ 나는 세부 사항에 대한 것을 아무것도 몰라.	I don't know anything about the details.
644 ☐ 너는 그녀의 이름을 아니?	Do you know her name?
☐ 너는 주소를 아니?	Do you know the address?
☐ 너는 그에 대해서 아니?	Do you know about him?
☐ 너는 그녀에 대해서 아니?	Do you know about her?
645 ☐ 음식이 마음에 들어?	Do you like the food?
☐ 승차감이 마음에 들어?	Do you like the ride?
☐ 날씨가 마음에 들어?	Do you like the weather?
☐ 겨울을 좋아하니?	Do you like the winter?
646 ☐ 너는 그것에 대해 아는게 있어?	Do you know anything about it?
☐ 너는 그녀에 대해 아는게 있어?	Do you know anything about her?
☐ 너는 여자에 대해 아는게 있어?	Do you know anything about women?
☐ 너는 그 나라에 대해 아는게 있어?	Do you know anything about the country?
647 ☐ 너는 그것을 알았어?	Did you know that?
☐ 너는 내 번호를 알았어?	Did you know my number?
☐ 너는 그 사실을 알았어?	Did you know the fact?
☐ 너는 내 비밀을 알았어?	Did you know my secret?
648 ☐ 너는 그걸 어떻게 알았어?	How did you know that?

☐ 너는 내 전화번호를 어떻게 알았어?	How did you know my number?
☐ 너는 내 여동생을 어떻게 알았어?	How did you know my sister?
☐ 너는 내 혈액형을 어떻게 알았어?	How did you know my blood type?

649

☐ 나는 잊으려고 노력했어.	I tried to forget.
☐ 나는 그걸 끝내려고 노력했어.	I tried to finish it.
☐ 나는 금연하려고 노력했어.	I tried to quit smoking.
☐ 나는 최선을 다하려고 노력했어.	I tried to do my best.

650

☐ 나는 울지 않으려고 노력했어.	I tried not to cry.
☐ 나는 늦지 않으려고 노력했어.	I tried not to be late.
☐ 나는 그와 싸우지 않으려고 노력했어.	I tried not to fight with him.
☐ 나는 어떤 것도 놓치지 않으려고 노력했어.	I tried not to miss anything.

651

☐ 나는 이걸 해결하려고 노력하고 있어. **fix**	I am trying to fix this.
☐ 나는 그것을 잊으려고 노력하고 있어.	I am trying to forget it.
☐ 나는 그걸 끝내려고 노력하고 있어.	I am trying to finish it.
☐ 나는 몸무게 줄이려고 노력하고 있어.	I am trying to lose weight.

652

☐ 나는 늦지 않으려고 노력하고 있어.	I am trying not to be late.
☐ 나는 잠들지 않으려고 노력하고 있어.	I am trying not to fall asleep.
☐ 나는 그와 싸우지 않으려고 노력하고 있어.	I am trying not to fight with him.
☐ 나는 질투하지 않으려고 노력하고 있어.	I am trying not to be jealous.

	653	그냥 이해하려고 노력해 봐.	Just try to understand.
		그냥 긍정을 유지하려고 노력해 봐.	Just try to stay positive.
		그냥 친구가 되려고 노력해 봐.	Just try to be a friend.
		그냥 너 자신이 되려고 노력해 봐.	Just try to be yourself.
	654	그걸 하지 않으려고 해봐.	Try not to do it.
		웃지 않으려고 해 봐.	Try not to laugh.
		방귀 뀌지 않으려고 해 봐. `fart`	Try not to fart.
		생각을 너무 많이 하지 않으려고 해 봐.	Try not to think too much.
	655	너는 무엇을 하려는 거야?	What are you trying to do?
		너는 무엇을 말하려는 거야?	What are you trying to say?
		너는 무엇을 만들려는 거야?	What are you trying to make?
		너는 무엇을 성취하려는 거야? `achieve`	What are you trying to achieve?
	656	너는 좋아 보여.	You look good.
		네가 잘생겨 보여.	You look handsome.
		너는 지쳐 보여.	You look tired.
		너는 슬퍼 보여.	You look sad.
	657	너는 행복해 보이지 않아.	You don't look happy.
		너는 약해 보이지 않아.	You don't look weak.
		너는 괜찮아 보이지 않아.	You don't look fine.

☐ 너는 그렇게 나이 들어 보이지 않아.	**You don't look** so old.
☐ 내가 괜찮아 보여?	**Do I look** okay?
☐ 내가 그렇게 어리석어 보여?	**Do I look** that stupid?
☐ 내가 그렇게 피곤해 보여?	**Do I look** that tired?
☐ 내가 그렇게 못생겨 보여?	**Do I look** that ugly?
☐ 내가 그렇게 우스워 보여? hilarious	**Do I look** that hilarious?
☐ 너는 어린아이 같아 보여.	**You look like** a kid.
☐ 너는 동물 같아 보여.	**You look like** an animal.
☐ 너는 모델 같아 보여.	**You look like** a model.
☐ 너는 천사 같아 보여.	**You look like** an angel.
☐ 그것은 좋은 아이디어 같아.	**It sounds like** a great idea.
☐ 그것은 큰 문제 같아.	**It sounds like** a big problem.
☐ 그것은 좋은 계획 같아.	**It sounds like** a plan.
☐ 그것은 재미있을 것 같아.	**It sounds like** fun.
☐ 그것은 닭고기 맛이 나.	**It tastes like** chicken.
☐ 그것은 초콜릿 맛이 나.	**It tastes like** chocolate.
☐ 그것은 버터 맛이 나.	**It tastes like** butter.
☐ 그것은 맥주 맛이 나.	**It tastes like** beer.
☐ 그것은 어떻게 생겼어?	**What does** it **look like?**

658
659
660
661
662

☐ 그녀는 어떻게 생겼어?	**What does** she **look like?**
☐ 그는 어떻게 생겼어?	**What does** he **look like?**
☐ 네 가방은 어떻게 생겼어?	**What does** your bag **look like?**
☐ 그 집은 어떻게 생겼어?	**What does** the house **look like?**
663 ☐ 너의 생일을 축하해.	**Congratulations on your** birthday.
☐ 너의 졸업을 축하해. `graduation`	**Congratulations on your** graduation.
☐ 너의 승진을 축하해.	**Congratulations on your** promotion.
☐ 너의 새 직장을 축하해.	**Congratulations on your** new job.
664 ☐ 내 말을 들으라고 말했잖아.	**I told you to** listen to me.
☐ 내가 그를 잊으라고 말했잖아.	**I told you to** forget him.
☐ 내가 물러나라고 말했잖아. `back off`	**I told you to** back off.
☐ 내가 인내심을 가지라고 말했잖아.	**I told you to** be patient.
665 ☐ 내가 그것을 하지 말라고 말했잖아.	**I told you not to** do that.
☐ 내가 그녀와 대화하지 말라고 말했잖아.	**I told you not to** talk with her.
☐ 내가 그것을 만지지 말라고 말했잖아.	**I told you not to** touch it.
☐ 내가 그를 신뢰하지 말라고 말했잖아.	**I told you not to** trust him.
666 ☐ 나는 그걸 할 수 없다고 말했잖아.	**I told you I cannot** do that.
☐ 나는 기다릴 수 없다고 말했잖아.	**I told you I cannot** wait.
☐ 나는 널 도와줄 수 없다고 말했잖아.	**I told you I cannot** help you.

체크하는 법 한글 해석만 읽고 영어로 말할 수 있으면 체크! ✔

☐	나는 너와 함께 갈 수 없다고 말했잖아.	I told you I cannot go with you.
667 ☐	네가 그걸 하라고 내게 말했잖아.	You told me to do it.
☐	네가 너에게 전화하라고 내게 말했잖아.	You told me to call you.
☐	네가 그에게 물으라고 내게 말했잖아.	You told me to ask him.
☐	네가 알람을 맞추라고 내게 말했잖아.	You told me to set the alarm.
668 ☐	네가 그걸 하지 말라고 내게 말했잖아.	You told me not to do it.
☐	네가 누구에게도 말하지 말라고 내게 말했잖아.	You told me not to tell anyone.
☐	네가 그것을 팔지 말라고 내게 말했잖아.	You told me not to sell it.
☐	네가 걱정하지 말라고 내게 말했잖아.	You told me not to worry.
669 ☐	네 생각을 내게 말해 봐.	Tell me about your idea.
☐	너 자신에 대해 내게 말해 봐.	Tell me about yourself.
☐	한국인에 대해 내게 말해 봐.	Tell me about Koreans.
☐	네가 들은 것에 대해 내게 말해 봐.	Tell me about what you heard.
670 ☐	나는 그걸 예상하지 못했어.	I didn't expect that.
☐	나는 그 대답을 예상하지 못했어.	I didn't expect that answer.
☐	나는 네 전화를 예상하지 못했어.	I didn't expect your call.
☐	나는 그러한 것을 예상하지 못했어.	I didn't expect such a thing.
671 ☐	나는 널 여기서 볼 거라고 예상하지 못했어.	I didn't expect to see you here.
☐	나는 사랑에 빠질 거라고 예상하지 못했어.	I didn't expect to fall in love.

나는 임신하게 될 거라고 예상하지 못했어. `pregnant`	I didn't expect to be pregnant.
나는 그와 마주치게 될 거라고 예상하지 못했어.	I didn't expect to run into him.
나는 네가 여기 있을 거라고 예상하지 못했어.	I didn't expect you to be here.
나는 네가 이해할 거라고 예상하지 못했어.	I didn't expect you to understand.
나는 네가 성공할 거라고 예상하지 못했어.	I didn't expect you to succeed.
나는 네가 나를 기억할 거라고 예상하지 못했어.	I didn't expect you to remember me.
내가 이해할 거라고 기대하지 마.	Don't expect me to understand.
내가 참석할 거라고 기대하지 마. `attend`	Don't expect me to attend.
내가 너를 용서할 거라고 기대하지 마.	Don't expect me to forgive you.
내가 그걸 허락할 거라고 기대하지 마. `allow`	Don't expect me to allow that.
나는 그게 내가 될 거라고는 기대하지 않았어.	I didn't expect (that) it would be me.
나는 이런 일이 생길 것이라고는 기대하지 않았어.	I didn't expect (that) it would happen.
나는 눈이 내릴 것이라고는 기대하지 않았어.	I didn't expect (that) it would snow.
나는 상황이 이럴 것이라고는 기대하지 않았어.	I didn't expect (that) it would be like this.
나는 이걸 하고 싶었을 뿐이야.	I just wanted to do this.
나는 너를 보고 싶었을 뿐이야.	I just wanted to see you.
나는 너와 얘기하고 싶었을 뿐이야.	I just wanted to talk to you.
나는 너에게 감사의 말을 전하고 싶었을 뿐이야.	I just wanted to thank you.
나는 네가 날 사랑해주길 원했어.	I wanted you to love me.

672
673
674
675
676

☐ 나는 네가 알기를 원했어.	I wanted you to know.
☐ 나는 네가 나와 함께 머물러 주기를 원했어.	I wanted you to stay with me.
☐ 나는 네가 같은 걸 느끼기를 원했어.	I wanted you to feel the same.
☐ 나는 오고 싶지 않았어.	I didn't want to come.
☐ 나는 이걸 믿고 싶지 않았어.	I didn't want to believe it.
☐ 나는 너를 잃고 싶지 않았어.	I didn't want to lose you.
☐ 나는 혼자 있고 싶지 않았어.	I didn't want to be alone.
☐ 나는 네가 아는 걸 원하지 않았어.	I didn't want you to know.
☐ 나는 네가 떠나는 것을 원하지 않았어.	I didn't want you to leave.
☐ 나는 네가 화가 나는 것을 원하지 않았어.	I didn't want you to be angry.
☐ 나는 네가 이런 식으로 나를 보는 걸 원하지 않았어.	I didn't want you to see me like this.
☐ 너는 점심으로 무엇을 원해?	What do you want for lunch?
☐ 너는 저녁으로 무엇을 원해?	What do you want for dinner?
☐ 너는 크리스마스에 무엇을 원해?	What do you want for Christmas?
☐ 너는 네 생일에 무엇을 원해?	What do you want for your birthday?
☐ 너는 무엇을 하길 원하니?	What do you want to do?
☐ 너는 무엇이 되기를 원하니?	What do you want to be?
☐ 너는 무엇을 갖기를 원하니?	What do you want to have?
☐ 너는 무엇을 먹기를 원하니?	What do you want to eat?

677
678
679
680

너는 무엇을 위해 그걸 하기를 원하니?   What do you want to do it for?

너는 무엇을 위해 이걸 사기를 원하니?   What do you want to buy this for?

너는 무엇을 위해 대학에 가기를 원하니?   What do you want to go to college for?

너는 무엇을 위해 클럽에 들어가기를 원하니?   What do you want to join the club for?

나는 그것이 좋아.   I like it.

나는 집에 있는 것이 좋아.   I like staying at home.

나는 사람들을 만나는 것이 좋아.   I like meeting people.

나는 영화 보는 것이 좋아.   I like watching movies.

나는 게임 하는 것이 좋아.   I like playing games.

난 그것이 싫어.   I don't like it.

나는 공부하는 것이 싫어.   I don't like to study.

나는 읽는 것이 싫어.   I don't like to read.

나는 혼자 자는 것이 싫어.   I don't like to sleep alone.

나는 이것을 반복하는 것이 싫어. repeat   I don't like to repeat this.

나는 이걸 하고 싶어.   I would like to do this.

나는 더 알고 싶어.   I would like to know more.

나는 사과하고 싶어.   I would like to apologize.

나는 커피를 마시고 싶어.   I would like to have some coffee.

나는 차를 한 대 빌리고 싶어.   I would like to rent a car.

☐ 나는 교통카드를 사고 싶어.	I would like to buy a transportation card.
☐ 나는 하룻밤 더 묵고 싶어.	I would like to stay one more night.
☐ 나는 환급을 요청하고 싶어. request	I would like to request a refund.

685

☐ 나는 정말 거기에 가고 싶어.	I would love to go there.
☐ 나는 정말 너와 함께하고 싶어.	I would love to join you.
☐ 나는 정말 도움이 되고 싶어. assistance	I would love to be of assistance.
☐ 나는 정말 너와 함께 있고 싶어.	I would love to keep you company.

686

☐ 네가 와주면 좋겠어.	I would like you to come.
☐ 네가 날 도와주면 좋겠어.	I would like you to help me.
☐ 네가 이곳을 방문해 주면 좋겠어.	I would like you to visit here.
☐ 네가 재차 확인해주면 좋겠어. double-check	I would like you to double-check.

687

☐ 한마디 하지 않을래?	Would you like to say something?
☐ 나와 춤추지 않을래?	Would you like to dance with me?
☐ 지금 주문하지 않을래?	Would you like to order now?
☐ 커피를 마시지 않을래?	Would you like to drink coffee?

688

☐ 제가 전화해드릴까요?	Would you like me to call you?
☐ 제가 댁을 방문해드릴까요?	Would you like me to visit you?
☐ 제가 안내해드릴까요?	Would you like me to show you around?
☐ 제가 그것을 데워드릴까요?	Would you like me to heat it up?

□ 그것이 나를 행복하게 해. It makes me happy.

□ 그것이 나를 화나게 해. It makes me angry.

□ 그것이 나를 슬프게 해. It makes me sad.

□ 그것이 나를 좌절하게 해. `frustrated` It makes me frustrated.

□ 그것이 나를 미소 짓게 해. It makes me smile.

□ 그것이 나를 미안하게 해. It makes me feel sorry.

□ 그것이 나를 울게 해. It makes me cry.

□ 그것이 나를 진정하게 해. `relax` It makes me relax.

□ 나를 화나게 하지 마. Don't make me angry.

□ 나를 실망하게 하지 마. Don't make me disappointed.

□ 나를 겁먹게 하지 마. Don't make me scared.

□ 나를 질투 나게 하지 마. Don't make me jealous.

□ 그녀는 내가 왕처럼 느끼게 만들어. She makes me feel like a king.

□ 그녀는 내가 바보처럼 느끼게 만들어. She makes me feel like a fool.

□ 그녀는 내가 남자처럼 느끼게 만들어. She makes me feel like a man.

□ 그녀는 내가 시인처럼 느끼게 만들어. `poet` She makes me feel like a poet.

□ 네가 나를 화나게 했어. You made me angry.

□ 네가 나를 감정적으로 만들었어. You made me emotional.

□ 네가 나를 행복하게 해줬어. You made me happy.

☐ 네가 나를 아프게 만들었어.	You made me sick.
☐ 무엇이 네가 그것을 하게 만들었니?	What made you do that?
☐ 무엇이 너를 여기로 오게 만들었니?	What made you come here?
☐ 무엇이 너를 그렇게 생각하게 만들었니?	What made you think so?
☐ 무엇이 네 마음을 바꾸게 만들었니?	What made you change your mind?
☐ 적게 먹는 습관을 들여.	Make it a habit to eat less.
☐ 일찍 일어나는 습관을 들여.	Make it a habit to wake up early.
☐ 고맙다고 말하는 습관을 들여.	Make it a habit to say thank you.
☐ 매일 운동하는 습관을 들여.	Make it a habit to exercise daily.
☐ 너는 나가는 것이 확실하니? exit	Are you sure to exit?
☐ 너는 일을 그만두는 것이 확실하니?	Are you sure to quit your job?
☐ 너는 이 파일을 삭제하는 것이 확실하니?	Are you sure to delete this file?
☐ 너는 그와 이혼하는 것이 확실하니?	Are you sure to divorce him?
☐ 너는 그걸 원하지 않는 것이 확실하니?	Are you sure you don't want it?
☐ 너는 나와 함께 가지 않는 것이 확실하니?	Are you sure you don't go with me?
☐ 너는 상관없는 것이 확실하니?	Are you sure you don't mind?
☐ 너는 정말 마시고 싶지 않은 것이 확실하니?	Are you sure you don't care for a drink?
☐ 나는 그가 날 사랑하는지 확실하지 않아.	I am not sure if he loves me.
☐ 나는 그가 올지 확실하지 않아.	I am not sure if he will come.

693
694
695
696
697

☐ 나는 그것이 진실인지 확실하지 않아.	I am not sure if that is true.
☐ 나는 내 양수가 터졌는지 확실하지 않아.	I am not sure if my water broke.
698 ☐ 그것은 충분히 사볼 만 해.	That is good enough to buy.
☐ 그것은 충분히 시도해볼 만 해.	That is good enough to try.
☐ 그것은 충분히 먹을 만 해.	That is good enough to eat.
☐ 그것은 충분히 마실 만 해.	That is good enough to drink.
699 ☐ 나는 이미 이걸로 충분해.	I am already enough with this.
☐ 나는 내 문제로 이미 충분해.	I am already enough with my problems.
☐ 나는 네 거짓말로 이미 충분해.	I am already enough with your lies.
☐ 나는 네 변명으로 이미 충분해.	I am already enough with your excuses.
700 ☐ 음식이 충분히 있니?	Is there enough food?
☐ 돈이 충분히 있니?	Is there enough money?
☐ 물이 충분히 있니?	Is there enough water?
☐ 금이 충분히 있니?	Is there enough gold?
701 ☐ 나는 이것을 하는 것이 질리지 않아.	I cannot get enough of doing this.
☐ 나는 먹는 것이 질리지 않아.	I cannot get enough of eating.
☐ 나는 이 자전거를 타는 것이 질리지 않아.	I cannot get enough of riding this bike.
☐ 나는 너의 요리가 질리지 않아.	I cannot get enough of your cooking.
702 ☐ 이건 내가 가장 좋아하는 음식이야.	This is my favorite food.

☐ 이건 내가 가장 좋아하는 노래야.	This is my favorite song.
☐ 이건 내가 가장 좋아하는 영화야.	This is my favorite movie.
☐ 여긴 내가 가장 좋아하는 장소야.	This is my favorite place.

703

☐ 네가 가장 좋아하는 가수는 누구야?	Who is your favorite singer?
☐ 네가 가장 좋아하는 배우는 누구야?	Who is your favorite actor?
☐ 네가 가장 좋아하는 선생님은 누구야?	Who is your favorite teacher?
☐ 네가 가장 좋아하는 작가는 누구야? author	Who is your favorite author?

704

☐ 네가 가장 좋아하는 노래가 뭐야?	What is your favorite song?
☐ 네가 가장 좋아하는 영화가 뭐야?	What is your favorite movie?
☐ 네가 가장 좋아하는 계절이 뭐야?	What is your favorite season?
☐ 네가 가장 좋아하는 과목이 뭐야? subject	What is your favorite subject?

705

☐ 그것이 내가 가장 좋아하는 종류의 음식이야.	It's my favorite kind of food.
☐ 그것이 내가 가장 좋아하는 종류의 음료수야.	It's my favorite kind of drink.
☐ 그것이 내가 가장 좋아하는 종류의 음악이야.	It's my favorite kind of music.
☐ 그것이 내가 가장 좋아하는 종류의 영화야.	It's my favorite kind of movie.

706

☐ 네가 가장 좋아하는 종류의 빵이 뭐야?	What is your favorite kind of bread?
☐ 네가 가장 좋아하는 종류의 스프가 뭐야?	What is your favorite kind of soup?
☐ 네가 가장 좋아하는 종류의 음악이 뭐야?	What is your favorite kind of music?
☐ 네가 가장 좋아하는 종류의 영화가 뭐야?	What is your favorite kind of movie?

너는 어떤 종류의 남자를 가장 좋아해? — What kind of man do you like most?

너는 어떤 종류의 직업을 가장 좋아해? — What kind of job do you like most?

너는 어떤 종류의 애완동물을 가장 좋아해? — What kind of pet do you like most?

너는 어떤 종류의 소설을 가장 좋아해? — What kind of novel do you like most?

새로운 음식을 맛보는 것은 흥미로워. — It's exciting to try a new food.

축구 경기를 보는 것은 흥미로워. — It's exciting to watch a soccer game.

새로운 곳을 여행하는 것은 즐거워. — It's exciting to travel to a new place.

캠핑하러 가는 것은 즐거워. — It's exciting to go camping.

나는 그걸 읽는 게 기대돼. — I am excited to read it.

나는 거길 방문하는 게 기대돼. — I am excited to visit there.

나는 축구 경기를 보는 게 기대돼. — I am excited to watch a soccer game.

나는 새로운 곳을 여행하는 것이 기대돼. — I am excited to travel to a new place.

그것을 본 것은 충격이었어. — It was shocking to see that.

진실을 들은 것은 충격이었어. — It was shocking to hear the truth.

그것을 알게 된 것은 충격이었어. — It was shocking to know that.

거기서 생존한 것은 충격이었어. — It was shocking to survive there.

나는 그것을 보고 충격받았어. — I was shocked to see that.

나는 그것을 알고 충격받았어. — I was shocked to know that.

나는 그 소식을 듣고 충격받았어. — I was shocked to hear the news.

☐	나는 그것이 열려있는 것을 발견하고 충격받았어.	I was shocked to find it open.
☐	나는 그를 봤을 때 충격받았어.	I was shocked when I saw him.
☐	나는 그걸 들었을 때 충격받았어.	I was shocked when I heard that.
☐	나는 그녀를 만났을 때 충격받았어.	I was shocked when I met her.
☐	나는 공지를 받았을 때 충격받았어.	I was shocked when I was informed.

712

☐	노래하는 것은 부끄러워.	It's embarrassing to sing.
☐	춤추는 것은 부끄러워.	It's embarrassing to dance.
☐	방귀 뀌는 것은 부끄러워.	It's embarrassing to fart.
☐	그렇게 말하는 것은 부끄러워.	It's embarrassing to say like that.

713

☐	나는 노래를 부르기 부끄러웠어.	I was embarrassed to sing.
☐	나는 그렇게 말하기 부끄러웠어.	I was embarrassed to say like that.
☐	나는 넘어져서 부끄러웠어.	I was embarrassed to fall down.
☐	나는 큰 소리로 트림해서 부끄러웠어. burp out	I was embarrassed to burp out loud.

714

☐	지는 것은 굴욕적이야.	It's humiliating to lose.
☐	그것을 보는 것은 굴욕적이야.	It's humiliating to see that.
☐	위협받는 것은 굴욕적이야.	It's humiliating to be threatened.
☐	따돌림받는 것은 굴욕적이야. bullied	It's humiliating to be bullied.

715

☐	나는 지는 것이 굴욕적이었어.	I was humiliated to lose.
☐	나는 실패한 것이 굴욕적이었어.	I was humiliated to fail.

716

☐ 나는 그것을 듣는 것이 굴욕적이었어.	I was humiliated to hear that.
☐ 나는 맞는 것이 굴욕적이었어. `spanked`	I was humiliated to be spanked.
☐ 오래 기다리는 것은 좌절감을 줘.	It's frustrating to wait so long.
☐ 빈털터리인 것은 좌절감을 줘.	It's frustrating to be broke.
☐ 직업이 없는 것은 좌절감을 줘.	It's frustrating to be jobless.
☐ 강등되는 것은 좌절감을 줘.	It's frustrating to get demoted.
☐ 나는 오래 기다리는 것에 좌절했어.	I was frustrated to wait so long.
☐ 나는 직업이 없는 것에 좌절했어.	I was frustrated to be jobless.
☐ 나는 몸무게가 늘은 것에 좌절했어.	I was frustrated to gain weight.
☐ 나는 모든 걸 잃은 것에 좌절했어.	I was frustrated to lose everything.
☐ 원래 오늘 비가와야 하는데.	It's supposed to rain today.
☐ 원래 여기 있어야 하는데.	It's supposed to be here.
☐ 원래 지금 끝났어야 하는데.	It's supposed to be done now.
☐ 원래 오늘 배달됐어야 하는데.	It's supposed to be delivered today.
☐ 원래 너는 그걸 해야 하잖아.	You are supposed to do it.
☐ 원래 너는 그곳에 가야 하잖아.	You are supposed to go there.
☐ 원래 너는 준비됐어야 하잖아.	You are supposed to be ready.
☐ 원래 너는 잘 알아야 하잖아.	You are supposed to know your way around.
☐ 너는 그걸 하면 안 돼.	You are not supposed to do it.

717
718
719
720
721

체크하는 법 한글 해석만 읽고 영어로 말할 수 있으면 체크! ✔

☐ 너는 그곳에 가면 안 돼. You are not supposed to go there.

☐ 너는 여기 있으면 안 돼. You are not supposed to be here.

☐ 너는 이걸 알면 안 돼. You are not supposed to know this.

722

☐ 나는 그걸 하면 안 돼. I am not supposed to do it.

☐ 나는 그곳에 가면 안 돼. I am not supposed to go there.

☐ 나는 너를 사랑하면 안 돼. I am not supposed to love you.

☐ 나는 네게 이걸 말하면 안 돼. I am not supposed to tell you this.

723

☐ 내가 무엇을 해야 하지? What am I supposed to do?

☐ 내가 무엇을 말해야 하지? What am I supposed to say?

☐ 내가 무엇을 먹어야 하지? What am I supposed to eat?

☐ 내가 무엇을 지어야 하지? What am I supposed to build?

724

☐ 나는 그것에 반대해. I am against it.

☐ 나는 전쟁에 반대해. I am against war.

☐ 나는 사형제도에 반대해. **death penalty** I am against death penalty.

☐ 나는 낙태에 반대해. I am against abortion.

725

☐ 나는 음식이 떨어졌어. I am out of food.

☐ 나는 물이 떨어졌어. I am out of water.

☐ 나는 돈이 떨어졌어. I am out of money.

☐ 나는 힘이 떨어졌어. I am out of energy.

□ 우리는 돈 떨어졌어. We are out of money.

□ 우리는 커피가 떨어졌어. We are out of coffee.

□ 우리는 힘이 떨어졌어. We are out of energy.

□ 우리는 시간이 없어. We are out of time.

□ 나는 음식을 담당해. I am in charge of food.

□ 나는 음료수를 담당해. I am in charge of drinks.

□ 나는 운전을 담당해. I am in charge of driving.

□ 나는 안전을 담당해. I am in charge of safety.

□ 나는 이걸 할 거야. I am going to do this.

□ 나는 여기 머무를 거야. I am going to stay here.

□ 나는 잠을 잘 거야. I am going to go to bed.

□ 나는 샤워를 할 거야. I am going to take a shower.

□ 나는 이것에 만족해. I am satisfied with this.

□ 나는 나 자신에게 만족해. I am satisfied with myself.

□ 나는 내 일에 만족해. I am satisfied with my job.

□ 나는 서비스에 만족해. I am satisfied with the service.

□ 나는 선생님이 될 거야. I am going to be a teacher.

□ 나는 의사가 될 거야. I am going to be a doctor.

□ 나는 소방관이 될 거야. I am going to be a fire man.

☐ 나는 부자가 될 거야.	I am going to be a rich man.
☐ 나는 네 얘기에 감명 받았어.	I am impressed with your story.
☐ 나는 네 노래에 감명 받았어.	I am impressed with your song.
☐ 나는 네 편지에 감명 받았어. letter	I am impressed with your letter.
☐ 나는 네 성과에 감명 받았어. performance	I am impressed with your performance.
☐ 나는 싸우지 않을 거야.	I am not going to fight.
☐ 나는 그것을 다시 하지 않을 거야.	I am not going to do it again.
☐ 나는 위험을 무릅쓰지 않을 거야. take a risk	I am not going to take a risk.
☐ 나는 그걸 참지 않을 거야.	I am not going to put up with it.
☐ 나는 그가 편하지 않아.	I am not comfortable with him.
☐ 나는 여자들이 편하지 않아.	I am not comfortable with women.
☐ 나는 낯선 사람들이 편하지 않아.	I am not comfortable with strangers.
☐ 나는 이 상황이 편하지 않아.	I am not comfortable with this situation.
☐ 나는 이곳에 있지 않을 거야.	I am not going to be here.
☐ 나는 집에 있지 않을 거야.	I am not going to be home.
☐ 나는 화나지 않을 거야.	I am not going to be angry.
☐ 나는 상처받지 않을 거야. heartbroken	I am not going to be heartbroken.
☐ 나는 이것에 익숙하지 않아.	I am not familiar with this.
☐ 나는 이 장소에 익숙하지 않아.	I am not familiar with this place.

731
732
733
734
735

나는 그 기계에 익숙하지 않아.	I am not familiar with the machine.
나는 그녀의 시에 익숙하지 않아. `poetry`	I am not familiar with her poetry.
736 너는 이걸 좋아할 거야.	You are going to like this.
너는 나를 그리워할 거야.	You are going to miss me.
너는 그걸 후회할 거야.	You are going to regret it.
너는 실망할 거야.	You are going to be disappointed.
737 너는 그것을 끝냈어?	Are you done with that?
너는 일을 끝냈어?	Are you done with your work?
너는 네 숙제를 끝냈어?	Are you done with your homework?
너는 점심을 다 먹었어?	Are you done with your lunch?
738 너는 아빠가 될 거야.	You are going to be a daddy.
너는 스타가 될 거야.	You are going to be a star.
너는 좋은 선생님이 될 거야.	You are going to be a good teacher.
너는 내 (신랑) 들러리가 될 거야. `best man`	You are going to be my best man.
739 너는 이 게임에서 지지 않을 거야.	You are not going to lose this game.
너는 이것을 믿지 않을 거야.	You are not going to believe this.
너는 그걸 무료로 받지 않을 거야.	You are not going to get it for free.
너는 여기서 죽지 않을 거야.	You are not going to die here.
740 나는 커피에 중독됐어.	I am addicted to coffee.

☐ 나는 술에 중독됐어.		I am addicted to alcohol.
☐ 나는 마약에 중독됐어.		I am addicted to drugs.
☐ 나는 쇼핑에 중독됐어.		I am addicted to shopping.

741

☐ 너는 내 남자친구가 되지 않을 거야.　I am addicted... **You are not going to be my boyfriend.**

☐ 너는 내 변호사가 되지 않을 거야.　**You are not going to be my lawyer.**

☐ 너는 나처럼 되지 않을 거야.　**You are not going to be like me.**

☐ 너는 그처럼 되지 않을 거야.　**You are not going to be like him.**

742

☐ 나는 고양이에 알레르기가 있어.　I am allergic to cats.

☐ 나는 견과류에 알레르기가 있어.　I am allergic to nuts.

☐ 나는 해산물에 알레르기가 있어.　I am allergic to sea food.

☐ 나는 굴에 알레르기가 있어. oysters　I am allergic to oysters.

743

☐ 나는 일이 밀려 있어.　I am behind in my work.

☐ 나는 지급할 돈이 밀려 있어. payments　I am behind in my payments.

☐ 나는 일정이 밀려 있어.　I am behind in my schedule.

☐ 나는 수업이 밀려 있어.　I am behind in my classes.

744

☐ 나는 실망했어.　I am disappointed.

☐ 나는 너한테 실망했어.　I am disappointed in you.

☐ 나는 그에게 실망했어.　I am disappointed in him.

☐ 나는 결과에 실망했어.　I am disappointed in the result.

나는 그녀의 태도에 실망했어.	I am disappointed in her attitude.
745 나는 네가 늦은 것에 실망했어.	I am disappointed that you were late.
나는 네가 실패한 것에 실망했어.	I am disappointed that you failed.
나는 네가 포기한 것에 실망했어.	I am disappointed that you gave up.
나는 네가 이해하지 못한 것에 실망했어.	I am disappointed that you did not understand.
746 나는 거짓말을 하도록 강요받았어.	I was forced to tell a lie.
나는 그것을 끝내도록 강요받았어.	I was forced to finish it.
나는 그것을 그만두도록 강요받았어.	I was forced to quit it.
나는 초과 근무하도록 강요받았어. overtime	I was forced to work overtime.
747 나는 결코 잊지 않을 거야.	I will never forget.
나는 결코 포기하지 않을 거야.	I will never give up.
나는 결코 그것이 발생하도록 두지 않을 거야.	I will never let that happen.
나는 결코 다시는 사랑에 빠지지 않을 거야.	I will never fall in love again.
748 내가 네게 무언가 보여줄게.	I will show you something.
내가 네게 내 계획을 보여줄게.	I will show you my plan.
내가 네게 방법을 보여줄게.	I will show you the way.
내가 네게 내가 가진 것을 보여줄게.	I will show you what I have got.
749 나는 성공하기 위해 최선을 다할 거야.	I will do my best to succeed.
나는 그 일을 실현하기 위해 최선을 다할 거야.	I will do my best to make it happen.

체크하는 법 한글 해석만 읽고 영어로 말할 수 있으면 체크! ✓

☐ 나는 제시간에 도착할 수 있도록 최선을 다할 거야.	I will do my best to be on time.
☐ 나는 마감일을 맞추기 위해 최선을 다할 거야. deadline	I will do my best to meet the deadline.
750 ☐ 내가 가서 그것을 가져올게.	I will go get it.
☐ 내가 가서 열쇠를 가져올게.	I will go get the keys.
☐ 내가 가서 우산을 가져올게.	I will go get the umbrella.
☐ 내가 가서 연장통을 가져올게. toolbox	I will go get the toolbox.
751 ☐ 나는 1초의 시간이 필요해.	I will need a second.
☐ 나는 1분의 시간이 필요해.	I will need a minute.
☐ 나는 잠깐의 시간이 필요해.	I will need a moment.
☐ 나는 잠시 시간이 필요해.	I will need a few moments.
752 ☐ 약 1시간 정도 걸릴 거야.	It will take about an hour.
☐ 약 이틀 정도 걸릴 거야.	It will take about two days.
☐ 약 일주일 정도 걸릴 거야.	It will take about a week.
☐ 약 한 달 정도 걸릴 거야.	It will take about a month.
753 ☐ 조용히 해주시겠습니까?	Would you please be quiet?
☐ 자리에 앉아주시겠습니까?	Would you please take your seat?
☐ 제게 조언 좀 해주시겠습니까? advice	Would you please give me an advice?
☐ 제 부탁 좀 들어주시겠습니까?	Would you please do me a favor?
754 ☐ 그는 돌아올지도 몰라.	He may come back.

□ 그는 늦을지도 몰라.　　　　　　　　　He may be late.

□ 그는 청혼할지도 몰라. **pop the question**　　　He may pop the question.

□ 그는 널 차버릴지도 몰라.　　　　　　He may dump you.

755 □ 그녀는 돌아오지 않지도 몰라.　　　She may not come back.

□ 그녀는 그곳에 없을지도 몰라.　　　She may not be there.

□ 그녀는 이것을 믿지 않지도 몰라.　　She may not believe this.

□ 그녀는 그걸 수용하지 않지도 몰라.　She may not accept it.

756 □ 제가 도와드려도 될까요?　　　　May I help you?

□ 제가 무엇을 물어봐도 될까요?　　May I ask you something?

□ 제가 그와 얘기해도 될까요?　　　May I speak to him?

□ 제가 주문받아도 될까요?　　　　May I take your order?

757 □ 그것이 사실일 리가 없어.　　　It cannot be true.

□ 그것이 그 남자일 리가 없어.　　It cannot be him.

□ 그것은 할 수 없는 것이야.　　　It cannot be done.

□ 그것보다 더 좋을 수는 없어.　　It cannot be better.

758 □ 그것이 좋을 수도 있어.　　　It could be nice.

□ 그것이 웃길 수도 있어.　　　It could be funny.

□ 그것이 더 나쁠 수도 있어. **worse**　It could be worse.

□ 그것이 가능할 수도 있어.　　It could be possible.

체크하는 법 한글 해석만 읽고 영어로 말할 수 있으면 체크! ✔

759	☐ 너는 미친 것이 틀림없어.	You must be crazy.
	☐ 너는 운이 좋은 것이 틀림없어.	You must be lucky.
	☐ 너는 피곤한 것이 틀림없어.	You must be tired.
	☐ 너는 바쁜 것이 틀림없어.	You must be busy.
760	☐ 분명 이유가 있을 거야.	There must be a reason.
	☐ 분명 해결 방법이 있을 거야.	There must be a solution.
	☐ 분명 뭔가 잘못된 것이 있을 거야.	There must be something wrong.
	☐ 분명 더 좋은 방법이 있을 거야.	There must be a better way.
761	☐ 내가 노래 부르지 않아도 돼?	Can I not sing?
	☐ 내가 그곳에 가지 않아도 돼?	Can I not go there?
	☐ 내가 그걸 먹지 않아도 돼?	Can I not eat that?
	☐ 내가 넥타이를 매지 않아도 돼?	Can I not wear a tie?
762	☐ 내가 할 수 있어.	I could do it.
	☐ 내가 너에게 말해줄 수 있어.	I could tell you.
	☐ 나는 너를 위해 죽을 수 있어.	I could die for you.
763	☐ 네가 노래 부르지 않으면 안 돼?	Can you not sing?
	☐ 네가 가지 않으면 안 돼?	Can you not go?
	☐ 네가 나에게 거짓말하지 않으면 안 돼?	Can you not lie to me?
	☐ 네가 소란 피우지 않으면 안 돼?	Can you not make a scene?

너는 내게 말해줄 수 있어.

You could tell me.

너는 나를 도울 수 있어.

You could help me.

너는 모든 걸 가질 수 있어.

You could have it all.

너는 그를 용서할 수 있어.

You could forgive him.

너는 적어도 나한테 물어볼 수는 있잖아.

You could at least ask me.

너는 적어도 작별 인사를 해줄 수는 있잖아.

You could at least say goodbye.

너는 적어도 나에게 문자라도 보낼 수는 있잖아.

You could at least text me.

너는 적어도 하는 척이라도 할 수는 있잖아.
pretend

You could at least pretend.

그만해줄 수 없어?

Can't you stop it?

영어를 할 수 없어?

Can't you speak English?

그걸 감당할 수 없어?

Can't you handle it?

네 스케줄을 바꿀 수 없어?

Can't you change your schedule?

제가 그것을 시도해도 될까요?

Could I try it?

제가 뭐 하나 물어봐도 될까요?

Could I ask you something?

제가 방문해도 될까요?

Could I come over?

제가 뭐 하나 요청해도 될까요?

Could I make a request?

말씀해주시겠어요?

Could you tell me?

조용히 해주시겠어요?

Could you be quiet?

설명해주시겠어요?

Could you explain?

☐ 여기에 서명해주시겠어요?	Could you sign here?
769 ☐ 나는 가야 해.	I have to go.
☐ 나는 그곳에 가야 해.	I have to go there.
☐ 나는 이걸 해야 해.	I have to do this.
☐ 나는 이걸 말해야 해.	I have to say this.
☐ 나는 그것을 인정해야 해. admit	I have to admit that.
☐ 나는 초과 근무를 해야 해.	I have to work overtime.
770 ☐ 나는 그걸 해야 해.	I need to do it.
☐ 나는 알아야 해.	I need to know.
☐ 나는 연습해야 해.	I need to practice.
☐ 나는 운동해야 해.	I need to exercise.
771 ☐ 나는 통역이 필요해.	I need a translator.
772 ☐ 나는 일하러 가야 해.	I have to go to work.
☐ 나는 잠자러 가야 해.	I have to go to sleep.
☐ 나는 학교에 가야 해.	I have to go to school.
☐ 나는 점심을 먹으러 가야 해.	I have to go to lunch.
773 ☐ 너는 돌아와야 해.	You have to come back.
☐ 너는 그것을 끝내야 해.	You have to finish it.
☐ 너는 내 말을 들어야 해.	You have to listen to me.

☐ 너는 숙제를 해야 해.	You have to do your homework.
☐ 너는 그것을 팩스로 다시 보내야 해.	You have to fax it again.
☐ 우리는 그를 도와야 해.	We have to help him.
☐ 우리는 그것을 살아있게 해야 해. alive	We have to keep it alive.
☐ 우리는 인내해야 해. persevere	We have to persevere.
☐ 우리는 그것을 알아내야 해. figure out	We have to figure it out.
☐ 너는 반드시 그걸 해야 해.	You must do it.
☐ 너는 반드시 그것을 끝내야 해.	You must finish it.
☐ 너는 반드시 그것을 삭제해야 해.	You must delete it.
☐ 너는 반드시 규칙을 따라야 해.	You must follow the rules.
☐ 나는 그걸 해야 해.	I should do it.
☐ 나는 그를 찾아야 해.	I should find him.
☐ 나는 여기 있어야 해.	I should stay here.
☐ 나는 가봐야 해.	I should get going.
☐ 너는 그걸 해야 해.	You should do it.
☐ 너는 진실을 말해야 해.	You should tell the truth.
☐ 너는 좀 쉬어야 해.	You should relax a little.
☐ 너는 그것을 가져가야 해.	You should take it with you.
☐ 내가 이걸 해야 할까?	Should I do this?

774
775
776
777
778

체크하는 법 한글 해석만 읽고 영어로 말할 수 있으면 체크! ✔

☐ 내가 너에게 말해야 할까?   **Should I** tell you**?**

☐ 내가 조립해야 할까? put together   **Should I** put it together**?**

☐ 내가 주식을 팔아야 할까? stocks   **Should I** sell stocks**?**

779

☐ 내가 무엇을 해야 할까?   **What should I** do**?**

☐ 내가 뭐라고 말해야 할까?   **What should I** say**?**

☐ 내가 무엇을 골라야 할까?   **What should I** choose**?**

☐ 내가 그에게 뭐라고 말해야 할까?   **What should I** tell him**?**

☐ 내가 저녁으로 무엇을 먹어야 할까?   **What should I** eat for dinner**?**

780

☐ 어디에서 그걸 사야 해?   **Where should I** buy it**?**

☐ 어디에서 그를 찾아야 해?   **Where should I** find him**?**

☐ 어디에 차를 세워야 해?   **Where should I** pull over**?**

☐ 어디에 너를 내려줘야 해?   **Where should I** drop you off**?**

781

☐ 나도 내가 해야 한다는 걸 알아.   **I know I should** do it**.**

☐ 나도 내가 그것을 잊어야 한다는 걸 알아.   **I know I should** forget it**.**

☐ 나도 내가 지금 짐을 싸야 한다는 걸 알아. pack   **I know I should** pack now**.**

☐ 나도 내가 여기서 갈아타야 한다는 걸 알아.   **I know I should** transfer here**.**

782

☐ 나도 내가 싸우면 안 된다는 걸 알아.   **I know I should not** fight**.**

☐ 나도 내가 그를 사랑하면 안 되는 걸 알아.   **I know I should not** love him**.**

☐ 나도 내가 관여하면 안 되는 걸 알아.   **I know I should not** get involved**.**

□ 나도 내가 그녀를 의심하면 안 되는 걸 알아.   I know I should not doubt her.

783 □ 나는 그곳에 갈 계획이야.   I am planning to go there.

□ 나는 그녀를 방문할 계획이야.   I am planning to visit her.

□ 나는 내일 떠날 계획이야. `take off`   I am planning to take off tomorrow.

□ 나는 사업을 운영할 계획이야.   I am planning to run a business.

784 □ 너는 이곳에 머물 계획이니?   Are you planning to stay here?

□ 너는 결혼할 계획이니?   Are you planning to get married?

□ 너는 해외에서 공부할 계획이니? `overseas`   Are you planning to study overseas?

□ 너는 회의에 참석할 계획이니?   Are you planning to attend the meeting?

785 □ 비가 올 거야.   It's going to rain.

□ 눈이 올 거야.   It's going to snow.

□ 우박이 내릴 거야. `hail`   It's going to hail.

□ 시간이 조금 걸릴 거야.   It's going to take some time.

786 □ 긴 하루가 될 거야.   It's going to be a long day.

□ 좋은 시간이 될 거야.   It's going to be a great time.

□ 좋은 기회가 될 거야.   It's going to be a good chance.

□ 힘든 순간이 될 거야. `tough`   It's going to be a tough moment.

787 □ 너는 이걸 할 거니?   Are you going to do this?

□ 너는 그를 만날 거니?   Are you going to meet him?

체크하는 법   한글 해석만 읽고 영어로 말할 수 있으면 체크! ✔

☐ 너는 파티를 열 거니?	**Are you going to** throw a party**?**
☐ 너는 그녀에게 대시할 거니?	**Are you going to** hit on her**?**
☐ 너는 가수가 될 거니?	**Are you going to be** a singer**?**
☐ 너는 배우가 될 거니?	**Are you going to be** an actor**?**
☐ 너는 기술자가 될 거니? engineer	**Are you going to be** an engineer**?**
☐ 너는 교수가 될 거니?	**Are you going to be** a professor**?**
☐ 그가 그녀를 만날까?	**Is he going to** meet her**?**
☐ 그가 이곳에 올까?	**Is he going to** come here**?**
☐ 그가 청혼할까?	**Is he going to** propose**?**
☐ 그가 우리와 함께 할까?	**Is he going to** join us**?**
☐ 나는 너한테 말하려고 했었어.	**I was going to** tell you**.**
☐ 나는 떠나려고 했었어.	**I was going to** leave**.**
☐ 나는 네게 전화하려고 했었어.	**I was going to** call you**.**
☐ 나는 숙제를 하려고 했었어.	**I was going to** do my homework**.**
☐ 나는 어떻게 해야 할까?	**What am I going to** do**?**
☐ 나는 무엇을 먹어야 할까?	**What am I going to** eat**?**
☐ 나는 오늘 무엇을 입어야 할까?	**What am I going to** wear today**?**
☐ 나는 크리스마스에 무엇을 받을까?	**What am I going to** get for Christmas**?**
☐ 너는 무엇을 할 거야?	**What are you going to** do**?**

788

789

790

791

792

너는 무엇을 먹을 거야?	What are you going to eat?
너는 오늘 밤에 무엇을 볼 거야?	What are you going to watch tonight?
너는 내일 무엇을 입을 거야?	What are you going to wear tomorrow?

793

너는 언제 그걸 할 거야?	When are you going to do that?
너는 언제 올 거야?	When are you going to come?
너는 언제 결혼할 거야?	When are you going to marry?
너는 언제 철이 들 거야?	When are you going to grow up?

794

누가 이길까?	Who is going to win?
누가 자원해서 나설 거야?	Who is going to volunteer?
누가 먼저 할 거야?	Who is going to do first?
누가 그것을 계산할 거야?	Who is going to pay for it?

795

신 같은 것이 있을까?	Is there such thing as God?
운명 같은 것이 있을까? fate	Is there such thing as fate?
유니콘 같은 것이 있을까?	Is there such thing as a unicorn?
외계인 같은 것이 있을까? extraterrestrials	Is there such thing as extraterrestrials?

796

그것을 그만 쳐다봐.	Stop staring at it.
그녀를 그만 쳐다봐.	Stop staring at her.
사람들을 그만 쳐다봐.	Stop staring at people.
하늘을 그만 쳐다봐.	Stop staring at the sky.

5

난 Tom의 논리를
정면으로
반박할 수 있어.

GRAMMAR 220p

CHECKLIST 232p

우리는 한국인 친구를 만났을 때보다,
외국인 친구에게 더 친절하게 행동하게 됩니다. 왜 그럴까요?

왜냐하면 '다툴 준비'가 되어있지 않기 때문입니다. 말이 통하지 않으니 도저히
이길 자신이 없는 상태인 것이죠. 언쟁하다가 영어를 못 해서 말문이 막히느니,
언쟁을 하지 않는 편이 낫다고 생각하는 것입니다.

5챕터의 체크리스트에서 당신이 안다고 체크하는 문장이 70% 미만이라면,
당신은 Tom의 말에서 논리적 오류를 발견할 수는 있겠지만 그 오류를
바로잡아줄 수는 없을 것입니다. 이제는 당신이 1챕터부터 5챕터까지
얼마큼의 문장을 알고 있는지 주의해서 체크해야 합니다.

형용사와 부사의 무기

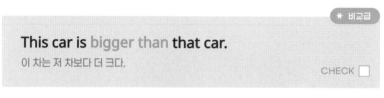

★ 비교급

This car is bigger than that car.
이 차는 저 차보다 더 크다.

CHECK ☐

| big
큰 | → | bigger
더 큰 |
| small
작은 | → | smaller
더 작은 |

두 대의 차가 눈 앞에 있습니다.
우리는 자연스레 두 차의 크기, 낡은 정도 등을 비교하게 되죠.
이 차는 저 차보다 더 작아, 이 차는 저 차보다 더 낡았어. 처럼요.
이와 같은 표현들은 비교급을 이용하면 쉽게 표현할 수 있습니다.

비교급을 만들기 위해서는 두 가지 요소, **형용사/부사** 그리고 *than* 이 필요합니다.
비교급은 **형용사/부사 뒤에** *er* 을 붙여서 만들거든요.
than 은 ~**보다**라는 뜻으로 비교할 대상 앞에 두면 됩니다.

* 형용사/부사가 3음절 이상이면 뒤에 *er* 을 붙이는 대신, **앞에** *more* 을 붙여줍니다.
  ▶ more beautiful 더 아름다운, more famous 더 유명한

★ 동등비교

This car is as big as that car.
이 차는 저 차만큼 크다.

CHECK ☐

| big
큰 | → | as big as
~만큼 큰 |
| small
작은 | → | as small as
~만큼 작은 |

만약 두 대의 차가 비슷하다면,
형용사/부사의 양 옆에 *as* 를 붙이면 됩니다.
이러한 비교급은 동등함을 나타낸다 하여 **동등비교**라고 부릅니다.

This car is the biggest car.
이 차는 가장 큰 차다.

CHECK ☐

이번엔 세 대의 차가 눈 앞에 있습니다. 가장 큰 차, 가장 작은 차가 눈에 보이네요.
*이 차는 가장 커. 저 차는 가장 작아.*라고 말하려면 어떻게 할까요?
최상급을 이용하면 쉽게 표현할 수 있습니다.

최상급을 만들 때도 역시 두 가지 요소, **형용사/부사**, 그리고 *the* 가 필요합니다.
최상급은 **형용사/부사 뒤에** *est* 을 붙여서 만듭니다.
그리고 *the* 는 최상급 앞에 무조건 붙여 줍니다.
최상급은 유일한 것을 지목하면서,
대상을 특정할 수 있기 때문에
*the*의 특성과 부합하거든요.

big 큰	→	the biggest 가장 큰
small 작은	→	the smallest 가장 작은

* 형용사/부사가 3음절 이상이면 뒤에 *est* 를 붙이는 대신, 앞에 *the most* 를 붙여줍니다.
 ▶ the most beautiful 가장 아름다운, the most famous 가장 유명한

---

the 비교급, the 비교급 | 최상급에만 *the* 가 붙고 비교급에는 *the*가 붙지 않으나,
the 비교급, *the* 비교급(더 ~할수록 더 ~하다)은 예외입니다.

· The bigger, the better.
　더 클수록, 더 좋다.

- -

비교급 표현으로 최상급 나타내기 | 겉으로 보기에는 비교급이지만,
실제 의미는 최상급인 표현들이 있습니다.

① 부정주어 + 비교급 + than A　　　　　　No other car is bigger than this car.
　　　　　　　　　　　　　　　　　　　그 어떤 차도 이 차보다 더 크지 않다.

② 비교급 + than + any other + 단수 명사　This car is bigger than any other car.
　　　　　　　　　　　　　　　　　　　이 차는 그 어떤 차보다 더 크다.

③ 비교급 + than + all the other + 복수 명사　This car is bigger than all the other cars.
　　　　　　　　　　　　　　　　　　　이 차는 다른 모든 차들보다 더 크다.

④ 비교급 + than + anything else　　　　　This car is bigger than anything else.
　　　　　　　　　　　　　　　　　　　이 차는 다른 어떤 것보다도 더 크다.

넌지시 물어보는 방법

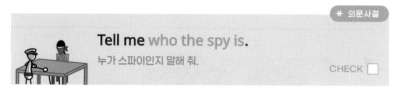

★ 의문사절

Tell me who the spy is.
누가 스파이인지 말해 줘.

CHECK ☐

· Who **is the spy?**   누가 스파이니?
· Tell me **who the spy is.**   누가 스파이인지 말해 줘.

두 문장이 의미하는 바는 비슷합니다. 스파이가 누구인지 알려달라는 것이죠.
첫 번째 문장은 지금까지 배워 온 의문문이며, 직접의문문이라고 합니다.
두 번째 문장은 이번에 배울 간접의문문입니다.
간접의문문은 **의문사절(의문사＋주어＋동사)**을 포함하고 있는 문장을 말합니다.
의문사절은 여러 명사절 중 하나입니다.

who the spy is 누가 스파이인지	what the spy does 무엇을 스파이가 하는지	where the spy is 어디에 스파이가 있는지
when the spy works 언제 스파이가 일하는지	how the spy works 어떻게 스파이가 일하는지	why the spy works 왜 스파이가 일하는지

중요한 것은 의문사절의 어순이 **의문사-주어-동사**의 순서라는 점입니다.
일반의문문이 **의문사-동사-주어**의 순서인 것과 대조되죠?

Who is the spy ?   스파이가 누구니?

Tell me who the spy is .   스파이가 누구인지 알려 줘.

의문사절과 형용사절의 비교

의문사절과 형용사절은 형태가 같아서 내용으로 구분해야 합니다.
의문사절은 몰라서 의문을 갖고 말하는 것이고,
형용사절은 모르는 것이 아니라 단지 앞의 명사를 수식하기 위한 장치입니다.

· I **don't know** where she is.   나는 그녀가 어디에 있는지 모르겠다.
                          ▶ 의문을 갖고 있음 / 의문사절

· I **know the place** where she is.   나는 그녀가 있는 장소를 안다.
                          ▶ 의문이 아닌 앞의 선행사를 수식 / 형용사절

헷갈릴 땐, **이 접속사**를 사용하자

Tell me whether you are the spy.
네가 스파이인지 아닌지 말해 줘.

CHECK ☐

내 앞에 있는 상대방이 스파이라는 것이 확실할 때는
*네가 스파이라는 것을 알아.*라고 하겠죠.
하지만 만약 상대방이 스파이인지 아닌지 헷갈린다면 어떻게 표현할까요?
*네가 스파이인지 아닌지 말해줘.*라고 말하겠죠.

that you are the spy	whether you are the spy
네가 스파이라는 것	네가 스파이인지 아닌지

*whether / if*절은 명사절로서,
해당 절의 내용이 **사실인지 아닌지의 여부**에 관해 말할 수 있습니다.

· Tell me whether you are the spy.

= Tell me if you are the spy.

명사절 if와 부사절 if 비교

*if*는 명사절 접속사로 쓰이는 경우에는 **~인지 아닌지**라는 뜻을 가지고,
부사절 접속사로 쓰이는 경우에는 **만약 ~라면**이라는 뜻을 가집니다.

· I don't know if she comes here. 나는 그녀가 여기에 올지 안올지 모르겠다.
▸ 명사절

· I will leave if she comes here. 나는 그녀가 여기 온다면 떠나겠다.
▸ 부사절

의문사 + to 부정사 = ?

how to wear
어떻게 입을지

what to wear
무엇을 입을지

where to wear
어디서 입을지

when to wear
언제 입을지

파티에 가기 위해 옷을 입으려고 합니다.
어떻게 입을지, 무엇을 입을지, 언제 입을지 고민이 되네요.
의문사 + *to*부정사는 이러한 표현들을 할 수 있게 해 줍니다.
수많은 질문을 던지며 옷을 다 입었습니다. 이제 누구에게 전화할지를 표현해야겠죠.

who(m) to call   누구에게 전화할지

의문사 + *to*부정사 표현은 명사의 역할을 하기 때문에
문장 안에서 역시 주어, 목적어, 보어의 위치에 올 수 있다는 점을 기억해두세요.

감탄문, 이것만 기억하자

어떤 사람이나 사물에 대해 감탄할 때 *what* 혹은 *how*를 이용할 수 있습니다.

What a wonderful student you are!
당신은 얼마나 멋진 학생인가!

How wonderful you are!
당신은 얼마나 멋진가!

어순과 구성성분은 아래와 같습니다.
what 감탄문과 *how* 감탄문은 **명사의 유무**에 따라 구분됩니다.

what a(an) 형용사 명사 주어 동사!

how 형용사 주어 동사!

또한 문맥상 명백한 주어+동사는 생략되기도 합니다.

What a wonderful student!

How wonderful!

형용사절 만드는 아이템

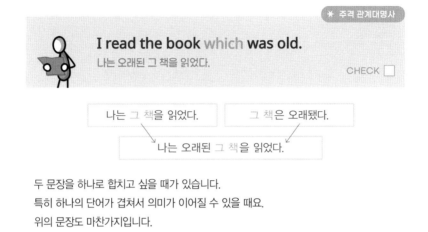

I read the book which **was old.**
나는 오래된 그 책을 읽었다.

CHECK ☐

두 문장을 하나로 합치고 싶을 때가 있습니다.
특히 하나의 단어가 겹쳐서 의미가 이어질 수 있을 때요.
위의 문장도 마찬가지입니다.
그 책은 오래됐는데, 나는 그 책을 읽었다.
여기에서 **그 책**을 두 번 말하지 않는 것이 더 간결하고 좋겠죠.
나는 오래된 그 책을 읽었다. 이럴 때 필요한 것이
접속사와 대명사 역할을 하는 **관계대명사**입니다.

관계 + 대명사
접속사(관계시켜 주는)

관계대명사의 종류는 *who, which, that* 세 가지입니다.
겹치는 단어가 사람일 땐 *who*, 사물이나 동물일 땐 *which*를 사용합니다.
*that*은 어느 것인지에 상관없이 사용할 수 있습니다.
또한, 겹치는 단어가 주어라면 **주격 관계대명사**,
목적어라면 **목적격 관계대명사**라고 합니다.

| I read | the book | The book | was old |
| I read | the book | which | was old |

선행사 ⋯⋯ 관계대명사절 ⋯⋯

관계대명사절 만들기	❶ 공통명사를 찾는다.
	❷ 두 문장 중 관계대명사절로 바꿀 문장을 고른다.
	❸ 그 문장에서 공통명사를 관계대명사 *who, which, that*로 바꾼다.
	❹ 관계대명사를 그 문장의 맨 앞으로 옮긴다.
	❺ 아직 남아있는 다른 공통명사 뒤에 관계대명사절을 붙인다.

I read the book which Jack gave.
나는 책이 주었던 그 책을 읽었다.

CHECK ☐

이번에도 역시 두 문장을 관계대명사를 이용해서 하나의 문장으로 만들었습니다.
다른 점이 있다면, 이번에는 공통인 명사 그 책이 목적어라는 것이죠.
이럴 때 만들어진 관계대명사는 **목적격 관계대명사**라고 합니다.

만드는 방법은 역시나 동일합니다.
두 번째 문장에서 *the book*을 관계대명사로 바꾸고,
그 관계대명사를 해당 문장의 맨 앞에 넣어주면 되죠.
선행사는 여전히 관계대명사 바로 앞에 있는 *the book*입니다.

목적격 관계대명사는 두 가지 특징을 가집니다.
첫 번째는 *who*를 *whom*으로도
사용할 수 있다는 점입니다.

Susan who(m) I like

두 번째는 목적격 관계대명사는
생략이 가능하다는 점입니다.
그래서 이런 표현이 가능합니다.

Susan —who— I like

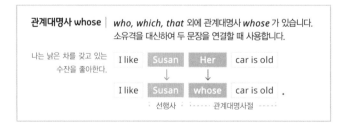

관계대명사 whose | who, which, that 외에 관계대명사 *whose*가 있습니다.
소유격을 대신하여 두 문장을 연결할 때 사용합니다.

나는 낡은 차를 갖고 있는
수잔을 좋아한다.

I like Susan Her car is old

I like Susan whose car is old .

선행사 ····· 관계대명사절 ·····

I like the park where Tom went.
나는 탐이 갔었던 그 공원을 좋아한다.

CHECK ☐

관계대명사절은 앞에 있는 명사를 꾸며주기 때문에 형용사절이었죠.
또 다른 형용사절로 관계부사절이 있습니다.
이 둘은 만들어진 원리, 해석 방식을 비롯한 대부분이 비슷합니다.
차이점은 관계대명사가 접속사+대명사 역할을 했다면
관계부사는 **접속사+부사** 역할을 한다는 것입니다.

관계 + 부사

접속사(관계시켜 주는)

관계부사절도 선행사를 꾸밉니다. 그리고 그 선행사에 따라 관계부사가 달라집니다.
선행사가 장소면 관계부사는 *where*, 시간이면 *when*,
방법이면 *how*, 원인이면 *why* 입니다.

| I like | the park | Tom went | to the park |

| I like | the park | where | Tom went | . |
선행사 · · · · · · · · · · · 관계부사절

관계부사절
만들기

① **전치사 + 공통명사**를 찾는다.
② **전치사 + 공통명사**를 관계부사 *when, where, how, why* 로 바꾼다.
③ 관계부사를 그 문장의 맨 앞으로 옮긴다.
④ 아직 남아있는 다른 공통명사 뒤에 관계부사절을 붙인다.

위의 문장에서는 선행사가 장소였기 때문에 관계부사 *where*이 쓰였습니다.
선행사가 달라지면 관계부사도 함께 바뀌게 됩니다.
단, 선행사 *the way* 와 관계부사 *how* 는 함께 쓸 수 없기 때문에
둘 중 **하나는 반드시 생략**합니다.

탐이 갔던 공원	the park where Tom went
탐이 어렸던 시절	the time when Tom was young
탐이 갔던 방법	the way (how) Tom went
탐이 갔던 이유	the reason why Tom went

일반시제랑 완료, 차이점은?

★ 현재완료

I have lost my wallet.
나는 지갑을 잃어버렸다.

CHECK ☐

? 음. 지갑을 잃어버렸군.
그래서?
지금은 어떤 상태야?

I lost my wallet.

! 아하! 지갑을 잃어버렸고
지금도 그 일이
계속되고 있구나.

I have lost my wallet.

두 문장의 차이점을 눈치챘나요?
과거형은 현재 상황을 알려주지 않지만,
현재완료 have + 과거분사는 현재상황까지 알려주죠.

오로지 그 시점만
과거형
↓

과거 ─────────────── 현재
과거부터 현재까지 기간을 모두 포함
현재완료

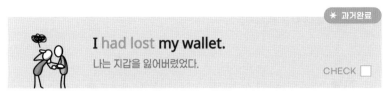

I had lost my wallet.
나는 지갑을 잃어버렸었다.

CHECK ☐

영어에서는 두 과거를 동시에 언급할 때, 더 앞선 과거를 **대과거**라 합니다.
대과거에서부터 과거까지 기간에 대해 말하고 싶다면?
과거완료 *had* **+ 과거분사**를 쓰면 됩니다.

· I had lost my wallet.

나는 지갑을 잃어버려서, 과거 어느 시점에도 여전히 지갑이 없는 상태였어.

I will have finished my homework.
나는 숙제를 끝낼 거야.

CHECK ☐

과거 혹은 현재부터 미래의 어느 시점까지도 역시 완료로 표현할 수 있습니다.
이를 **미래완료** *will* **+** *have* **+ 과거분사**라고 합니다.

· I will have finished my homework.

나는 미래의 어느 시점에 그때까지 계속 하던 숙제를 끝낼 거야.

가정법 파헤치기

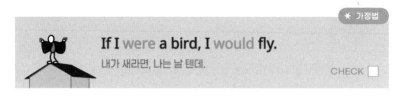

★ 가정법

If I were a bird, I would fly.
내가 새라면, 나는 날 텐데.

CHECK ☐

만약 내가 어린이라면? 만약 내가 외계인이라면? 만약 내가 새라면?

가끔 이런 생각이 들지 않나요?
하지만 이런 일은 현재의 나에게는 절대로 일어날 수 없는 일들입니다.
그래서 현재의 사실을 반대로 가정해서 말할 수밖에요.
영어에서는 현재 사실을 반대로 가정해서 말할 때
동사의 과거형을 이용한 **가정법 과거**를 사용합니다. 공식은 다음과 같습니다.

(지금) 내가 새라면 나는 날 텐데.

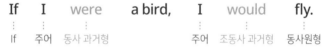

If	I	were	a bird,	I	would	fly.
If	주어	동사 과거형		주어	조동사 과거형	동사원형

★ I wish 가정법

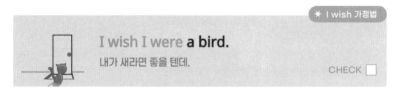

I wish I were a bird.
내가 새라면 좋을 텐데.

CHECK ☐

현재 사실과 반대되는 소망을 말할 때 **~라면 좋을 텐데**라는 표현을 쓰죠.
I wish 가정법은 그럴 때 사용합니다. 이때도 역시 동사의 과거형을 씁니다.

(지금) 내가 새라면 좋을 텐데.

I	wish	I	were	a bird.
I	wish	주어	동사 과거형	

If I had been a bird, I would have flown.

내가 새였다면, 나는 날았을 텐데.

CHECK ☐

이미 일어나버린 과거의 일을 반대로 가정하기도 하죠.
그 당시에 ~했었더라면과 같은 가정이요.
영어에서는 이처럼 과거사실을 반대로 가정해서 말할 때
동사의 과거완료형 *had*+**과거분사**를 이용하는데, 이를 **가정법 과거완료**라 합니다.

(과거에) 내가 새였다면 나는 날았을 텐데.

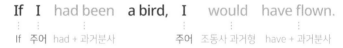

If	I	had been	a bird,	I	would	have flown.
If	주어	had + 과거분사		주어	조동사 과거형	have + 과거분사

I wish I had been a bird.

내가 새였다면, 좋았을 텐데.

CHECK ☐

과거를 반대로 가정한 *I wish* 가정법 역시 만드는 방법은 동일합니다.
*if*절의 내용을 *I wish* 뒤에 붙여주면 됩니다.

(과거에) 내가 새였다면 좋았을 텐데.

I	wish	I	had been	a bird.
I	wish	주어	had + 과거분사	

FINISH

797 ☐ 정말 아름다운 여자네! | What a beautiful woman!

☐ 정말 아름다운 미소네! | What a beautiful smile!

☐ 정말 아름다운 세상이네! | What a beautiful world!

☐ 정말 아름다운 노래네! | What a beautiful song!

798 ☐ 우리가 여기서 만나다니 정말 놀라워. | What a nice surprise we met here.

☐ 네가 일찍 오다니 정말 놀라워. | What a nice surprise you came early.

☐ 우리가 지명되다니 정말 놀라워. nominated | What a nice surprise we are nominated.

☐ 네가 들르다니 정말 놀라워. | What a nice surprise you stopped by.

799 ☐ 무엇이 혼자 있는 것보다 더 힘들겠어? | What is harder than being alone?

☐ 무엇이 친구를 사귀는 것보다 더 힘들겠어? | What is harder than making friends?

☐ 무엇이 사랑에 빠지는 것보다 더 힘들겠어? | What is harder than falling in love?

☐ 무엇이 진정한 사랑을 찾는 것보다 더 힘들겠어? | What is harder than finding true love?

800 ☐ 그것이 지각하는 것보다 나아. | It's better than being late.

☐ 그것이 아무것도 안 하는 것보다 나아. | It's better than doing nothing.

☐ 그것이 시간 낭비하는 것보다 나아. | It's better than wasting time.

☐ 그것이 그냥 불평하는 것보다 나아. | It's better than just complaining.

801 ☐ 내 건강보다 더 좋은 것은 없어. | Nothing is better than my health.

☐ 내 가족보다 더 좋은 것은 없어. | Nothing is better than my family.

☐ 자유보다 더 좋은 것은 없어. | Nothing is better than freedom.

□ 사랑보다 더 좋은 것은 없어.　　　Nothing is better than love.

802

□ 가능한 한 빨리.　　　As soon as possible.

□ 내가 할 수 있는 한 빨리.　　　As soon as I can.

□ 우리가 할 수 있는 한 빨리.　　　As soon as we can.

□ 그것이 도착하자마자 빨리.　　　As soon as it arrives.

803

□ 나는 할 수 있는 한 자주 요리해.　　　I cook as often as I can.

□ 나는 할 수 있는 한 자주 여행해.　　　I travel as often as I can.

□ 나는 할 수 있는 한 자주 운동해.　　　I work out as often as I can.

□ 나는 할 수 있는 한 자주 그를 방문해.　　　I visit him as often as I can.

804

□ 만약 네가 원한다면 내가 먼저 할게.　　　If you want, I will do it first.

□ 만약 네가 원한다면 내가 포기할 거야.　　　If you want, I will give up.

□ 만약 네가 원한다면 내가 네 곁에 있을 거야.　　　If you want, I will be by your side.

□ 만약 네가 원한다면 다시 사랑하려고 노력해볼게.　　　If you want, I will try to love again.

805

□ 너는 마치 내가 거짓말쟁이인 것처럼 말해.　　　You talk as if I am a liar.

□ 너는 마치 그게 내 잘못인 것처럼 말해.　　　You talk as if it was my fault.

□ 너는 마치 네가 우리 아빠인 것처럼 말해.　　　You talk as if you were my father.

□ 너는 마치 우리가 책임져야 하는 것처럼 말해.　　　You talk as if we were responsible.

806

□ 그가 맞으면 어쩌지?　　　What if he is right?

□ 그녀가 날 무시하면 어쩌지?　　　What if she ignores me?

체크하는 법 | 한글 해석만 읽고 영어로 말할 수 있으면 체크! ✔

	☐ 비가 오면 어쩌지?	**What if** it rains**?**
	☐ 배가 없다면 어쩌지?	**What if** there is no boat**?**
807	☐ 비가 와도 괜찮아?	**Is it okay if** it rains**?**
	☐ 내가 이걸 빌려도 괜찮아?	**Is it okay if** I borrow this**?**
	☐ 내가 수업을 빼먹어도 괜찮아?	**Is it okay if** I skip the class**?**
	☐ 배가 없어도 괜찮아?	**Is it okay if** there is no boat**?**
808	☐ 비가 온다고 해도 괜찮아.	**It's okay even if** it rains.
	☐ 아프더라도 괜찮아.	**It's okay even if** it hurts.
	☐ 네가 가더라도 괜찮아.	**It's okay even if** you go.
	☐ 배가 없다고 해도 괜찮아.	**It's okay even if** there is no boat.
809	☐ 내가 다시 시도해도 소용없을 거야.	**It would not work even if** I try again.
	☐ 내가 사과하더라도 소용없을 거야.	**It would not work even if** I say sorry.
	☐ 그가 사과한다고 하더라도 소용없을 거야. `apologizes`	**It would not work even if** he apologizes.
	☐ 내가 이걸 재설정하더라도 소용없을 거야.	**It would not work even if** I reset this.
810	☐ 내가 물어도 그녀는 대답하지 않을 거야.	**She would not answer even if** I ask.
	☐ 그녀가 안다 해도 대답하지 않을 거야.	**She would not answer even if** she knows.
	☐ 해고된다고 해도 그녀는 대답하지 않을 거야.	**She would not answer even if** she gets fired.
	☐ 희생양이 된다고 해도 그녀는 대답하지 않을 거야. `victimized`	**She would not answer even if** she is victimized.
811	☐ 상처 줬다면 미안해.	**I am sorry if** I hurt you.

☐ 내가 너를 깨웠다면 미안해.	I am sorry if I woke you up.
☐ 내가 널 귀찮게 했다면 미안해.	I am sorry if I bothered you.
☐ 네가 불쾌했다면 미안해. offended	I am sorry if you felt offended.
812 ☐ 나는 내 핸드폰을 찾고 있어.	I am looking for my cellphone.
☐ 나는 내 사랑을 찾고 있어.	I am looking for my love.
☐ 나는 직장을 찾고 있어.	I am looking for a job.
☐ 나는 지하철역을 찾고 있어.	I am looking for a subway station.
☐ 나는 내 이상형을 찾고 있어. Mr. Right	I am looking for my Mr. Right.
813 ☐ 나는 그걸 알아보고 있어.	I am looking into it.
☐ 나는 그 문제를 알아보고 있어.	I am looking into the problem.
☐ 나는 이 사건을 알아보고 있어.	I am looking into this case.
☐ 나는 그 사안을 알아보고 있어.	I am looking into the matter.
814 ☐ 너는 내 말 듣지 않으면 후회하게 될 거야.	You will be sorry if you don't listen to me.
☐ 너는 지금 결정하지 않으면 후회하게 될 거야.	You will be sorry if you don't decide now.
☐ 너는 나를 선택하지 않으면 후회하게 될 거야.	You will be sorry if you don't choose me.
☐ 너는 나를 도와주지 않으면 후회하게 될 거야.	You will be sorry if you don't help me out.
815 ☐ 나는 공부하기에는 너무 바빠.	I am too busy to study.
☐ 나는 거기 가기에는 너무 바빠.	I am too busy to go there.
☐ 나는 그걸 보기에는 너무 바빠.	I am too busy to watch it.

체크하는 법 | 한글 해석만 읽고 영어로 말할 수 있으면 체크! ✔

나는 누군가와 데이트하기에는 너무 바빠.	I am too busy to date someone.
816 나는 그것을 사기에는 너무 가난해.	I am too poor to buy that.
나는 점심을 먹기에는 너무 가난해.	I am too poor to have lunch.
나는 건강해지기에는 너무 가난해.	I am too poor to be healthy.
나는 삶을 즐기기에는 너무 가난해.	I am too poor to enjoy life.
817 잠자리에 들기에는 너무 일러.	It's too early to go to bed.
죽기에는 너무 일러.	It's too early to die.
결정하기에는 너무 일러.	It's too early to decide.
은퇴하기에는 너무 일러.	It's too early to retire.
818 돌아가기에는 이미 너무 늦었어.	It's already too late to go back.
그녀에게 전화하기에는 이미 너무 늦었어.	It's already too late to call her.
그들을 멈추기에는 이미 너무 늦었어.	It's already too late to stop them.
사과하기에는 이미 너무 늦었어.	It's already too late to apologize.
819 그것을 시도하기에는 너무 위험해.	It's too dangerous to try that.
그곳에 걸어가기에는 너무 위험해.	It's too dangerous to walk there.
밖에 나가기에는 너무 위험해.	It's too dangerous to go outside.
그걸 마시기에는 너무 위험해.	It's too dangerous to drink that.
820 일어나기에는 너무 이르지 않니?	Isn't it too early to get up?
저녁을 먹기에는 너무 이르지 않니?	Isn't it too early to have dinner?

☐ 고백하기에는 너무 이르지 않니?	Isn't it too early to propose?
☐ 약혼하기에는 너무 이르지 않니? engaged	Isn't it too early to get engaged?
☐ 돌아가기에는 너무 늦지 않았니?	Isn't it too late to go back?
☐ 그것을 말하기에는 너무 늦지 않았니?	Isn't it too late to say that?
☐ 그걸 바꾸기에는 너무 늦지 않았니?	Isn't it too late to change it?
☐ 투자하기에는 너무 늦지 않았니? invest	Isn't it too late to invest?
☐ 그를 믿기에는 너무 위험하지 않니?	Isn't it too dangerous to trust him?
☐ 혼자 여행하기에는 너무 위험하지 않니?	Isn't it too dangerous to travel alone?
☐ 밖에서 자기에는 너무 위험하지 않니?	Isn't it too dangerous to sleep out?
☐ 그를 풀어주기에는 너무 위험하지 않니? release	Isn't it too dangerous to release him?
☐ 나는 여기 머물기로 결정했어.	I have decided to stay here.
☐ 나는 그와 결혼하기로 결정했어.	I have decided to marry him.
☐ 나는 이민 가기로 결정했어. emigrate	I have decided to emigrate.
☐ 나는 대학을 중퇴하기로 결정했어.	I have decided to drop out of college.
☐ 나는 여기 머물지 않기로 결정했어.	I have decided not to stay here.
☐ 나는 그와 결혼하지 않기로 결정했어.	I have decided not to marry him.
☐ 나는 그것을 팔지 않기로 결정했어.	I have decided not to sell it.
☐ 나는 이제는 데이트를 안 하기로 결정했어.	I have decided not to date anymore.
☐ 나는 무엇을 해야 할지 모르겠어.	I don't know what to do.

821

822

823

824

825

체크하는 법 한글 해석만 읽고 영어로 말할 수 있으면 체크! ✔

☐ 나는 무엇을 말해야 할지 모르겠어.	I don't know what to say.
☐ 나는 무엇을 입어야 할지 모르겠어.	I don't know what to wear.
☐ 나는 무엇을 추천해야할지 모르겠어.	I don't know what to recommend.
☐ 너는 무엇을 해야 할지 아니?	Do you know what to do?
☐ 너는 무엇을 골라야 할지 아니?	Do you know what to choose?
☐ 너는 무엇을 적어야 할지 아니?	Do you know what to write down?
☐ 너는 이달에 무엇을 사야 할지 아니?	Do you know what to buy this month?
☐ 나는 어디에서 기다려야 할지 모르겠어.	I don't know where to wait.
☐ 나는 어디에서 시작해야 할지 모르겠어.	I don't know where to start.
☐ 나는 어디에서 널 찾아야 할지 모르겠어.	I don't know where to find you.
☐ 나는 어디에서 체크인해야 할지 모르겠어.	I don't know where to check in.
☐ 너는 어디에서 그것을 사는지 알아?	Do you know where to buy it?
☐ 너는 어디에서 버스를 타야 할지 알아?	Do you know where to take the bus?
☐ 너는 어디에서 갈아타야 할지 알아?	Do you know where to transfer?
☐ 너는 어디에서 환전해야 할지 알아?	Do you know where to change money?
☐ 나는 거기로 어떻게 가는지 모르겠어.	I don't know how to go there.
☐ 나는 그것을 어떻게 멈추는지 모르겠어.	I don't know how to stop it.
☐ 나는 이걸 어떻게 사용하는지 모르겠어.	I don't know how to use this.
☐ 나는 그녀에게 어떻게 데이트를 신청할지 모르겠어.	I don't know how to ask her out.

826
827
828
829

830 □ 너는 거기로 어떻게 가는지 알아?	Do you know how to go there?
□ 너는 이걸 어떻게 사용하는지 알아?	Do you know how to use this?
□ 너는 이걸 어떻게 끄는지 알아?	Do you know how to turn this off?
□ 너는 타이어를 어떻게 교체하는지 알아? replace	Do you know how to replace a tire?
831 □ 내가 이걸 어떻게 하는지 알려줄게.	Let me show you how to do it.
□ 내가 춤을 어떻게 추는지 보여줄게.	Let me show you how to dance.
□ 내가 이것을 어떻게 요리하는지 보여줄게.	Let me show you how to cook this.
□ 내가 이걸 어떻게 작동시키는지 보여줄게. operate	Let me show you how to operate this.
832 □ 나는 내가 그것을 할 수 있을지 없을지 모르겠어.	I don't know if I can do it or not.
□ 나는 그게 사실인지 아닌지 모르겠어.	I don't know if it is true or not.
□ 나는 그가 살아있는지 아닌지 모르겠어.	I don't know if he is alive or not.
□ 나는 네가 미혼인지 아닌지 모르겠어.	I don't know if you are single or not.
833 □ 나는 그게 사실인지 아닌지 알고 싶어.	I want to know if it is true or not.
□ 나는 그가 나를 사랑하는지 안 하는지 알고 싶어.	I want to know if he loves me or not.
□ 나는 그가 그녀에게 전화했는지 안 했는지 알고 싶어.	I want to know if he called her or not.
□ 나는 그게 취소된 것인지 아닌지 알고 싶어.	I want to know if it is canceled or not.
834 □ 너는 그게 사실인지 아닌지 아니?	Do you know if it is true or not?
□ 너는 그녀가 거기 있었는지 없었는지 아니?	Do you know if she was there or not?
□ 너는 그녀가 결혼했는지 안 했는지 아니?	Do you know if she is married or not?

체크하는 법 한글 해석만 읽고 영어로 말할 수 있으면 체크! ✔

☐	너는 비가 올지 안 올지 아니?	Do you know if it will rain or not?
☐	그게 사실인지 아닌지 말해줘.	Tell me if it is true or not.
☐	네가 그걸 좋아하는지 아닌지 말해줘.	Tell me if you like it or not.
☐	네가 도움이 필요한지 아닌지 말해줘.	Tell me if you need help or not.
☐	내가 임신한 것인지 아닌지 말해줘.	Tell me if I am pregnant or not.
☐	나는 그가 날 좋아하는지 궁금해.	I wonder If he likes me.
☐	나는 그녀가 알고 있는지 궁금해.	I wonder If she knows.
☐	나는 네가 시간이 있는지 궁금해.	I wonder if you have time.
☐	나는 그녀가 날 기억하는지 궁금해.	I wonder if she remembers me.
☐	만약 내가 너였다면, 이것을 하지 않을 거야.	If I were you, I would not do this.
☐	만약 내가 너였다면, 그것을 말하지 않을 거야.	If I were you, I would not say that.
☐	만약 내가 너였다면, 거기 가지 않을 거야.	If I were you, I would not go there.
☐	만약 내가 너였다면, 그걸 사지 않을 거야.	If I were you, I would not buy that.
☐	나는 항상 이걸 하는 것을 원했어.	I have always wanted to do this.
☐	나는 항상 여기서 일하는 것을 원했어.	I have always wanted to work here.
☐	나는 항상 거기 가는 것을 원했어.	I have always wanted to go there.
☐	나는 항상 해변에서 사는 것을 원했어.	I have always wanted to live at the beach.
☐	나는 오랜 시간 동안 이걸 해 왔어.	I have been doing this for a long time.
☐	나는 오랜 시간 동안 공부해 왔어.	I have been studying for a long time.

835 / 836 / 837 / 838 / 839

☐ 나는 오랜 시간 동안 기다려왔어.	**I have been** waiting for a long time.
☐ 나는 오랜 시간 동안 이것에 대해 생각해 왔어.	**I have been** thinking about this for a long time.
840 ☐ 온종일 비가 오고 있어.	**It has been** raining **all day.**
☐ 온종일 눈이 오고 있어.	**It has been** snowing **all day.**
☐ 온종일 바람이 불고 있어.	**It has been** windy **all day.**
☐ 온종일 우박이 내리고 있어.	**It has been** hailing **all day.**
841 ☐ 문제가 있었어.	**There has been a** problem.
☐ 실수가 있었어.	**There has been a** mistake.
☐ 지연이 있었어.	**There has been a** delay.
☐ 몇 가지 변화가 있었어.	**There has been a** few changes.
842 ☐ 나는 그것에 대해 생각해 왔어.	**I have been thinking about** it.
☐ 나는 너에 대해 생각해 왔어.	**I have been thinking about** you.
☐ 나는 그 계획에 대해 생각해 왔어.	**I have been thinking about** the plan.
☐ 나는 네 제안에 대해 생각해 왔어.	**I have been thinking about** your offer.
843 ☐ 너는 얼마나 오랫동안 기다리는 중이니?	**How long have you** been waiting?
☐ 너는 얼마나 오랫동안 여행하는 중이니?	**How long have you** been traveling?
☐ 너는 얼마나 오랫동안 그 게임을 하는 중이니?	**How long have you** been playing the game?
☐ 너는 얼마나 오랫동안 여기 앉아있는 중이니?	**How long have you** been sitting here?
844 ☐ 너는 얼마나 오랫동안 이곳에 있었니?	**How long have you** been here?

체크하는 법 한글 해석만 읽고 영어로 말할 수 있으면 체크! ✔

☐ 너는 얼마나 오랫동안 여기서 살았니?	How long have you lived here?
☐ 너는 얼마나 오랫동안 거기서 일했니?	How long have you worked there?
☐ 너는 얼마나 오랫동안 알고 지냈니?	How long have you known each other?
845 ☐ 너는 언제부터 기다리는 중이니?	Since when have you been waiting?
☐ 너는 언제부터 여행하는 중이니?	Since when have you been traveling?
☐ 너는 언제부터 여기서 머무르는 중이니?	Since when have you been staying here?
☐ 너는 언제부터 그걸 하는 중이니?	Since when have you been doing that?
846 ☐ 기다리는 것이 나아.	It's better to wait.
☐ 잊는 것이 나아.	It's better to forget.
☐ 속도를 늦추는 것이 나아.	It's better to slow down.
☐ 이메일을 사용하는 것이 나아.	It's better to use email.
847 ☐ 모르는 것이 나아.	It's better not to know.
☐ 담배 피우지 않는 것이 나아.	It's better not to smoke.
☐ 그것을 사지 않는 것이 나아.	It's better not to buy it.
☐ 그를 만나지 않는 것이 나아.	It's better not to meet him.
848 ☐ 나는 그것을 하지 않아도 돼.	I don't have to do it.
☐ 나는 그곳에 가지 않아도 돼.	I don't have to go there.
☐ 나는 일하러 가지 않아도 돼.	I don't have to go to work.
☐ 나는 이제 더 이상 그걸 사지 않아도 돼.	I don't have to buy that anymore.

□ 너는 그것을 하지 않아도 돼.　　　**You don't have to** do it.

□ 너는 그것을 하지 않아도 돼.　　　**You don't have to** do that.

□ 너는 대답하지 않아도 돼.　　　**You don't have to** answer.

□ 너는 사과하지 않아도 돼.　　　**You don't have to** apologize.

□ 너는 완벽하지 않아도 돼.　　　**You don't have to** be perfect.

□ 너는 그것을 포장하지 않아도 돼.　　　**You don't have to** wrap it.

□ 너는 절대 거짓말하면 안 돼.　　　**You must not** lie.

□ 너는 절대 그곳에 가면 안 돼.　　　**You must not** go there.

□ 너는 절대 규칙을 어기면 안 돼.　　　**You must not** break rules.

□ 너는 절대 무고한 사람을 죽이면 안 돼.
`innocent`　　　**You must not** kill the innocent.

□ 너는 이걸 하면 안 돼.　　　**You should not** do this.

□ 너는 여기에 오면 안 돼.　　　**You should not** come here.

□ 너는 거기에 가면 안 돼.　　　**You should not** go there.

□ 너는 그와 얘기하면 안 돼.　　　**You should not** talk to him.

□ 내가 무엇을 해야 해?　　　**What do I have to** do?

□ 내가 무엇을 입어야 해?　　　**What do I have to** wear?

□ 내가 무엇을 준비해야 해?　　　**What do I have to** prepare?

□ 내가 무엇을 걱정해야 해?　　　**What do I have to** worry about?

□ 내가 왜 이걸 해야 해?　　　**Why do I have to** do this?

체크하는 법 한글 해석만 읽고 영어로 말할 수 있으면 체크! ✓

☐ 내가 왜 그걸 해야 해?	Why do I have to do it?
☐ 내가 왜 사과해야 해?	Why do I have to apologize?
☐ 내가 왜 학교에 가야 해?	Why do I have to go to school?
☐ 내가 왜 이를 닦아야 해?	Why do I have to brush my teeth?

854

☐ 너는 왜 이걸 해야 해?	Why do you have to do this?
☐ 너는 왜 그걸 청소해야 해?	Why do you have to clean that?
☐ 너는 왜 문을 잠가야 해?	Why do you have to lock the door?
☐ 너는 왜 그것을 받아들여야 해?	Why do you have to accept that?

855

☐ 내가 언제 거기로 가야 해?	When do I have to go there?
☐ 내가 언제 너에게 전화해야 해?	When do I have to call you?
☐ 내가 언제 거기 도착해야 해?	When do I have to arrive there?
☐ 내가 언제 세금을 내야 해? (pay taxes)	When do I have to pay taxes?

856

☐ 제가 몇 시에 도착해야 하죠?	What time do I have to arrive?
☐ 제가 몇 시에 체크아웃해야 하죠?	What time do I have to check out?
☐ 제가 몇 시에 이걸 꺼야 하죠?	What time do I have to turn this off?
☐ 제가 몇 시에 모습을 드러내야 하죠? (show up)	What time do I have to show up?

857

☐ 당신은 몇 시에 떠나야 하죠?	What time do you have to leave?
☐ 당신은 몇 시에 일어나야 하죠?	What time do you have to get up?
☐ 당신은 몇 시에 그를 만나야 하죠?	What time do you have to meet him?

당신은 몇 시에 체크인해야 하죠?	What time do you have to check in?
나는 거짓말해야 했었어.	I had to lie.
나는 기다려야 했었어.	I had to wait.
나는 떠나야 했었어.	I had to leave.
나는 그것을 숨겨야 했었어.	I had to hide it.
너는 나를 도와줄 필요 없었잖아.	You didn't have to help me.
너는 이곳에 올 필요 없었잖아.	You didn't have to come here.
너는 그렇게 말할 필요 없었잖아.	You didn't have to say like that.
너는 그와 싸울 필요 없었잖아.	You didn't have to fight with him.
너는 기다려야 할 거야.	You will have to wait.
너는 돌아와야 할 거야.	You will have to come back.
너는 참을성을 가져야 할 거야.	You will have to be patient.
너는 나에게 만회해야 할 거야. make it up	You will have to make it up to me.
너는 다시 해야 할지도 몰라.	You may have to do it again.
너는 돌아가야 할지도 몰라.	You may have to go back.
너는 돈을 더 지불해야 할지도 몰라.	You may have to pay more money.
너는 프로그램을 설치해야 할지도 몰라.	You may have to install the program.
아마도, 이건 좋은 기회야.	Maybe, this is a good chance.
아마도, 오늘이 마지막 날이야.	Maybe, this is the last day.

858
859
860
861
862

체크하는 법 한글 해석만 읽고 영어로 말할 수 있으면 체크! ✓

☐	아마도, 지금은 좋지 않은 때야.	**Maybe, this is** a bad time.
☐	아마도, 이건 나쁜 징조야.	**Maybe, this is** a bad sign.
863 ☐	나는 기꺼이 널 도울 거야.	**I am willing to** help you.
☐	나는 기꺼이 너를 가르칠 거야.	**I am willing to** teach you.
☐	나는 기꺼이 협상을 할 거야.	**I am willing to** negotiate.
☐	나는 기꺼이 위험을 무릅쓸 거야.	**I am willing to** take a risk.
864 ☐	이건 좋은 기회일지도 몰라.	**This may be** a good chance.
☐	이건 마지막일지도 몰라.	**This may be** the last time.
☐	이건 나쁜 징조일지도 몰라.	**This may be** a bad sign.
☐	이건 나쁜 생각일지도 몰라.	**This may be** a bad idea.
865 ☐	너는 아기를 가질 의향이 있어?	**Are you willing to** have a baby?
☐	너는 이주할 의향이 있어? relocate	**Are you willing to** relocate?
☐	너는 너 자신을 희생할 의향이 있어? sacrifice	**Are you willing to** sacrifice yourself?
☐	너는 끝까지 갈 의향이 있어?	**Are you willing to** go all the way?
866 ☐	아마도, 너는 내가 틀렸다고 말하겠지.	**Maybe, you would say** I am wrong.
☐	아마도, 너는 여전히 날 사랑한다고 말하겠지.	**Maybe, you would say** you still love me.
☐	아마도, 너는 그게 나 때문이라고 말하겠지.	**Maybe, you would say** it is because of me.
☐	아마도, 너는 이게 우연이라고 말하겠지. coincidence	**Maybe, you would say** this is a coincidence.
867 ☐	나는 배우기를 열망해.	**I am eager to** learn.

나는 참가하기를 열망해.   **I am eager to** participate.

나는 거기에 가기를 열망해.   **I am eager to** go there.

나는 그 공연을 보기를 열망해.   **I am eager to** watch the concert.

868   나는 차라리 집에 있을래.   **I would rather** stay home.

나는 차라리 미혼으로 살래.   **I would rather** be single.

나는 차라리 포기할래.   **I would rather** give up.

나는 차라리 조금 쉴래.   **I would rather** take a break.

869   너는 혼자 가는 게 나을 거야.   **You would rather** go alone.

너는 도움을 요청하는 게 나을 거야.   **You would rather** ask for help.

너는 영웅으로 죽는 게 나을 거야.   **You would rather** die a hero.

너는 다른 기회를 기다리는 게 나을 거야.   **You would rather** wait for another chance.

870   나는 차라리 그것을 사지 않을 거야.   **I would rather not** buy that.

나는 차라리 지금 대답하지 않을 거야.   **I would rather not** answer now.

나는 차라리 지금 결정하지 않을 거야.   **I would rather not** decide now.

나는 차라리 그것에 관해 얘기하지 않을 거야.   **I would rather not** talk about it.

871   너는 그것을 다시 하지 않는 게 나을 거야.   **You would rather not** do it again.

너는 그것에 대해 생각하지 않는 게 나을 거야.   **You would rather not** think about it.

너는 돌아가지 않는 게 나을 거야.   **You would rather not** go back.

너는 그 버튼을 누르지 않는 게 나을 거야.   **You would rather not** press the button.

CHECKLIST 1 2 3 4 5

체크하는 법 한글 해석만 읽고 영어로 말할 수 있으면 체크! ✓

872 ☐ 나는 참을 수 없어. | I cannot stand it.

☐ 나는 저 소음을 참을 수 없어. | I cannot stand that noise.

☐ 나는 그 냄새를 참을 수 없어. | I cannot stand the smell.

☐ 나는 그의 코 고는 소리를 참을 수 없어. | I cannot stand his snoring.

873 ☐ 나는 할 수 있었어. | I was able to do it.

☐ 나는 제시간에 도착할 수 있었어. | I was able to arrive on time.

☐ 나는 돈을 절약할 수 있었어. | I was able to save money.

☐ 나는 그걸 끝낼 수 있었어. | I was able to finish it.

874 ☐ 나는 먹지 않을 수 없어. | I cannot help eating.

☐ 나는 슬픔을 느끼지 않을 수 없어. | I cannot help feeling sad.

☐ 나는 그녀에 대해 생각하지 않을 수 없어. | I cannot help thinking about her.

☐ 나는 사랑에 빠지지 않을 수 없어. | I cannot help falling in love.

875 ☐ 너는 그녀를 볼 수 있을 거야. | You will be able to see her.

☐ 너는 이해할 수 있을 거야. | You will be able to understand.

☐ 너는 제때 도착할 수 있을 거야. | You will be able to arrive on time.

☐ 너는 차를 대여할 수 있을 거야. | You will be able to rent a car.

876 ☐ 내가 무엇을 할 수 있을까? | What can I do?

☐ 내가 뭐라고 말해야 할까? | What can I say?

☐ 내가 무엇을 너에게 가져다 줄까? | What can I get you?

내가 무엇을 도와줄까?	What can I help you with?
877 내가 누구에게 물어보면 될까?	Who can I ask?
내가 누구에게 얘기하면 될까?	Who can I speak to?
내가 누구에게 그것을 주면 될까?	Who can I give it to?
내가 누구를 비난해야 할까?	Who can I blame for this?
878 내가 어디에서 그것을 구할 수 있어?	Where can I get it?
내가 어디에서 등록할 수 있어? register	Where can I register?
내가 어디에서 택시를 잡을 수 있어? take a cab	Where can I take a cab?
내가 어디에서 표를 살 수 있어?	Where can I buy the tickets?
879 우리 어디에서 만날 수 있을까?	Where can we meet?
우리가 어디에서 그를 찾을 수 있을까?	Where can we find him?
우리가 어디에서 물을 구할 수 있을까?	Where can we get water?
우리가 어디에서 캥거루를 볼 수 있을까?	Where can we see kangaroos?
880 내가 어떻게 그걸 할 수 있어?	How can I do it?
내가 어떻게 너를 도와주면 돼?	How can I help you?
나는 어떻게 그곳에 갈 수 있어?	How can I get there?
내가 너 없이 어떻게 살아? without	How can I live without you?
내가 어떻게 투자하면 돼?	How can I invest?
881 나는 언제 그것을 받을 수 있어?	When can I get it?

체크하는 법 한글 해석만 읽고 영어로 말할 수 있으면 체크! ✔

☐ 나는 언제 너를 만날 수 있어?	**When can I** meet you**?**
☐ 나는 언제 네게 전화할 수 있어?	**When can I** call you**?**
☐ 나는 언제 담배를 살 수 있어?	**When can I** buy cigarettes**?**

882

☐ 너는 언제 올 수 있어?	**When can you** come**?**
☐ 너는 언제 돌아올 수 있어?	**When can you** come back**?**
☐ 너는 언제 그것을 끝낼 수 있어?	**When can you** finish it**?**
☐ 너는 언제 일하러 돌아올 수 있어?	**When can you** return to work**?**
☐ 너는 언제 시간을 낼 수 있어?	**When can you** be available**?**

883

☐ 내가 어떻게 떠나니?	**How could I** leave**?**
☐ 내가 어떻게 머무니?	**How could I** stay**?**
☐ 내가 어떻게 항복하니?	**How could I** surrender**?**
☐ 내가 어떻게 널 떠나니?	**How could I** leave you**?**

884

☐ 네가 어떻게 그럴 수 있어?	**How could you** do that**?**
☐ 네가 어떻게 나한테 이럴 수가 있어?	**How could you** do this to me**?**
☐ 네가 어떻게 나에게 거짓말할 수 있어?	**How could you** lie to me**?**
☐ 네가 어떻게 나를 배신할 수 있어? betray	**How could you** betray me**?**
☐ 네가 어떻게 내 전화를 끊을 수 있어? hang up	**How could you** hang up on me**?**

885

☐ 나는 왜 들어갈 수 없어?	**Why cannot I** get in**?**
☐ 나는 왜 입장할 수 없어?	**Why cannot I** enter**?**

☐ 나는 왜 잠들 수 없을까? `fall asleep` Why cannot I fall asleep?

☐ 나는 왜 이걸 시도할 수 없어? Why cannot I try this?

☐ 합류하고 싶은 사람? Who wants to join?

☐ 먼저 하고 싶은 사람? Who wants to go first?

☐ 맥주 마시고 싶은 사람? Who wants to drink beer?

☐ 포커 치고 싶은 사람? Who wants to play poker?

☐ 너는 어디로 갈 거야? Where will you go?

☐ 너는 어디에서 잘 거야? Where will you sleep?

☐ 너는 어디에서 머무를 거야? Where will you stay?

☐ 너는 어디에서 저녁을 먹을 거야? Where will you go for dinner?

☐ 너는 어디에서 휴일을 보낼 거야? `spend` Where will you spend your holidays?

☐ 너는 언제 나에게 전화할 거야? When will you call me?

☐ 너는 언제 결혼할 거야? When will you marry?

☐ 너는 언제 포기할 거야? When will you give up?

☐ 너는 언제 출발할 거야? When will you depart?

☐ 너는 무엇을 해야 해? What do you have to do?

☐ 너는 무엇을 사야 해? What do you have to buy?

☐ 너는 무엇을 제공해야 해? What do you have to offer?

☐ 너는 무엇을 지불해야 해? What do you have to pay for?

체크하는 법 한글 해석만 읽고 영어로 말할 수 있으면 체크! ✔

890 □ 너는 무엇을 했어? | **What did you** do?

□ 너는 무엇을 봤어? | **What did you** see?

□ 너는 뭐라고 말했어? | **What did you** say?

□ 너는 무엇을 배웠어? | **What did you** learn?

891 □ 너는 그에게 무슨 짓을 한 거야? | **What did you do to** him?

□ 너는 그녀에게 무슨 짓을 한 거야? | **What did you do to** her?

□ 너는 네 머리에 무슨 짓을 한 거야? | **What did you do to** your hair?

□ 너는 내 개에게 무슨 짓을 한 거야? | **What did you do to** my dog?

892 □ 너는 어디에서 잤니? | **Where did you** sleep?

□ 너는 어디에서 그것을 샀니? | **Where did you** buy it?

□ 너는 어디에서 그것을 찾았니? | **Where did you** find it?

□ 너는 어디에서 고등학교를 다녔니? | **Where did you** attend high school?

893 □ 너는 어떻게 그것을 했니? | **How did you** do it?

□ 너는 어떻게 알았니? | **How did you** know?

□ 너는 어떻게 여기에 왔니? | **How did you** get here?

□ 너는 어떻게 그곳에 갔니? | **How did you** get there?

□ 너는 어떻게 우리에 대해 들었니? | **How did you** hear about us?

894 □ 너는 언제 그것을 했니? | **When did you** do it?

□ 너는 언제 돌아왔니? | **When did you** come back?

☐ 너는 언제 그것을 지었니? When did you build it?

☐ 너는 언제 그것을 알아냈니? When did you figure it out?

895 ☐ 너는 왜 그것을 했니? Why did you do that?

☐ 너는 왜 내게 전화했니? Why did you call me?

☐ 너는 왜 사라졌니? Why did you disappear?

☐ 너는 왜 자원했니? Why did you volunteer?

☐ 너는 왜 그렇게 말했니? Why did you say so?

☐ 너는 왜 그렇게 말했니? Why did you say it like that?

896 ☐ 저것은 어땠어? How was that?

☐ 오늘 하루는 어땠어? How was your day?

☐ 음식은 어땠어? How was the food?

☐ 여행은 어땠어? How was your trip?

897 ☐ 너는 무엇을 하고 있어? What are you doing?

☐ 너는 무엇을 먹고 있어? What are you eating?

☐ 너는 무엇을 읽고 있어? What are you reading?

☐ 너는 무엇을 생각하고 있어? What are you thinking?

☐ 너는 무엇을 보고 있어? What are you looking at?

☐ 너는 무엇을 찾고 있어? What are you looking for?

☐ 너는 무엇을 기다리고 있어? What are you waiting for?

체크하는 법 한글 해석만 읽고 영어로 말할 수 있으면 체크! ✓

☐ 너는 무엇에 대해서 말하고 있는 거야?	**What are you** talking about**?**
☐ 너는 누구를 찾고 있어?	**Who are you** looking for**?**
☐ 너는 누구를 기다리고 있어?	**Who are you** waiting for**?**
☐ 너는 누구에 대해 얘기하고 있어?	**Who are you** talking about**?**
☐ 너는 누구랑 함께 오는 거야?	**Who are you** coming with**?**
☐ 너는 누구랑 같이 있어?	**Who are you** with**?**
☐ 너는 누구야?	**Who are you?**
☐ 그는 어때?	**What is** he like**?**
☐ 그녀는 어때?	**What is** she like**?**
☐ 네 아빠는 어때?	**What is** your dad like**?**
☐ 날씨는 어때?	**What is** the weather like**?**
☐ 그걸 하는 것은 어떤 느낌이야?	**What is it like to** do that**?**
☐ 누군가를 사랑하는 것은 어떤 느낌이야?	**What is it like to** love someone**?**
☐ 서울에 사는 것은 어떤 느낌이야?	**What is it like to** live in Seoul**?**
☐ 전쟁에 나가는 것은 어떤 느낌이야?	**What is it like to** go to war**?**
☐ 부모가 되는 것은 어떤 느낌이야?	**What is it like to be a** parent**?**
☐ 부자가 되는 것은 어떤 느낌이야?	**What is it like to be a** rich man**?**
☐ 록스타가 되는 것은 어떤 느낌이야?	**What is it like to be a** rock star**?**
☐ 변호사가 되는 것은 어떤 느낌이야?	**What is it like to be a** lawyer**?**

898
899
900
901

902

□ 이것의 좋은 점이 뭐야?   **What is the good of** this**?**

□ 이 노트북의 좋은 점이 뭐야? `laptop`   **What is the good of** this laptop**?**

□ 소셜미디어의 좋은 점이 뭐야?   **What is the good of** social media**?**

□ 베란다의 좋은 점이 뭐야? `balcony`   **What is the good of** the balcony**?**

903

□ 흡연의 나쁜 점이 뭐야?   **What is the harm in** smoking**?**

□ 술을 마시는 것의 나쁜 점이 뭐야?   **What is the harm in** drinking**?**

□ 껌을 삼키는 것의 나쁜 점이 뭐야? `swallowing`   **What is the harm in** swallowing gum**?**

□ 날고기를 먹는 것의 나쁜 점이 뭐야? `raw meat`   **What is the harm in** eating raw meat**?**

904

□ 돌아오는 것이 어때?   **Why don't you** come back**?**

□ 그녀에게 전화하는 것이 어때?   **Why don't you** call her**?**

□ 휴식을 갖는 것이 어때?   **Why don't you** take a break**?**

□ 긴장을 푸는 것이 어때? `kick back`   **Why don't you** kick back**?**

905

□ 우리 서로 돕는 것이 어때?   **Why don't we** help each other**?**

□ 우리 그것을 같이 하는 것이 어때?   **Why don't we** do it together**?**

□ 우리 차를 대여하는 것이 어때?   **Why don't we** rent a car**?**

□ 우리 틀에서 벗어나 생각하는 것이 어때?   **Why don't we** think out of the box**?**

906

□ 너는 왜 나한테 묻지 않았어?   **Why didn't you** ask me**?**

□ 너는 왜 나에게 말하지 않았어?   **Why didn't you** tell me**?**

□ 너는 왜 내 전화를 받지 않았어?   **Why didn't you** answer my call**?**

체크하는 법 한글 해석만 읽고 영어로 말할 수 있으면 체크! ✔

☐ 너는 왜 변기 물을 내리지 않았어? flush	Why didn't you flush the toilet?
907 ☐ 우리 여기 머무는 것이 어때?	What do you say we stay here?
☐ 우리 외식하는 것이 어때?	What do you say we eat out?
☐ 우리 만나는 것이 어때?	What do you say we meet up?
☐ 그 서비스를 이용하는 것이 어때?	What do you say we use the service?
908 ☐ 달걀을 어떻게 해드릴까요?	How would you like your egg?
☐ 머리를 어떻게 해드릴까요?	How would you like your hair?
☐ 스테이크를 어떻게 해드릴까요?	How would you like your steak?
☐ 커피를 어떻게 해드릴까요?	How would you like your coffee?
909 ☐ 어떻게 결제하기를 원하세요?	How would you like to pay?
☐ 어떻게 여행하기를 원하세요?	How would you like to travel?
☐ 어떻게 그곳에 가기를 원하세요?	How would you like to go there?
☐ 어떻게 피드백 받기를 원하세요?	How would you like to receive feedback?
910 ☐ 언제 그것을 시작하는 게 좋을까?	When would be the good time to start it?
☐ 언제 당신에게 전화하는 게 좋을까?	When would be the good time to call you?
☐ 언제 집을 사는 게 좋을까?	When would be the good time to buy a house?
☐ 언제 은퇴하는 게 좋을까?	When would be the good time to retire?
911 ☐ 무슨 일이 있었어?	What happened?
☐ 너에게 무슨 일이 있었어?	What happened to you?

☐ 그에게 무슨 일이 있었어?	**What happened to** him**?**
☐ 그의 아내에게 무슨 일이 있었어?	**What happened to** his wife**?**
☐ 네 머리에 무슨 일이 있었어?	**What happened to** your hair**?**

912
☐ 내가 실패한다면 어떻게 될까?	**What would happen if** I failed**?**
☐ 그가 오지 않는다면 어떻게 될까?	**What would happen if** he does not come**?**
☐ 그가 지금 죽는다면 어떻게 될까?	**What would happen if** he died now**?**
☐ 지구가 회전을 멈춘다면 어떻게 될까? `spinning`	**What would happen if** the earth stopped spinning**?**

913
☐ 너는 몇 시에 일어나니?	**What time do you** get up**?**
☐ 너는 몇 시에 잠에 드니?	**What time do you** go to bed**?**
☐ 너는 몇 시에 출근하니?	**What time do you** go to work**?**
☐ 너는 몇 시에 문을 열고 닫아?	**What time do you** open and close**?**

914
☐ 너는 몇 시에 가기를 원해?	**What time do you want to** go**?**
☐ 너는 몇 시에 만나기를 원해?	**What time do you want to** meet**?**
☐ 너는 몇 시에 시작하기를 원해?	**What time do you want to** start**?**
☐ 너는 몇 시에 방문하기를 원해?	**What time do you want to** come over**?**

915
☐ 너는 언제까지 이걸 할 거야?	**Until when will you** do this**?**
☐ 너는 언제까지 여기에 머무를 거야?	**Until when will you** stay here**?**
☐ 너는 언제까지 거기서 일할 거야?	**Until when will you** work there**?**
☐ 너는 언제까지 유럽에서 여행할 거야?	**Until when will you** travel in Europe**?**

916

☐ 너는 언제까지 여기서 머물 거야? | **Until when are you going to** stay here?

☐ 너는 언제까지 그 회사에 다닐 거야? | **Until when are you going to** work for the company?

☐ 너는 언제까지 이럴 거야? | **Until when are you going to** be this way?

☐ 너는 언제까지 부모님께 얹혀살 거야? live off | **Until when are you going to** live off your parents?

917

☐ 우리는 언제까지 기다려야 해? | **Until when do we have to** wait?

☐ 우리는 언제까지 일해야 해? | **Until when do we have to** work?

☐ 우리는 언제까지 여기에 있어야 해? | **Until when do we have to** be here?

☐ 우리는 언제까지 이걸 계속해야 해? | **Until when do we have to** keep doing this?

918

☐ 나는 언제까지 기다려야 해? | **Until when do I have to** wait?

☐ 나는 언제까지 이곳에 있어야 해? | **Until when do I have to** be here?

☐ 나는 언제까지 실내에 머물러야 해? indoors | **Until when do I have to** stay indoors?

☐ 나는 언제까지 이걸 해야 해? | **Until when do I have to** do this?

919

☐ 나는 언제까지 돌아와야 해? | **By when do I have to** come back?

☐ 나는 언제까지 그것을 끝내야 해? | **By when do I have to** finish it?

☐ 나는 언제까지 그것들을 제출해야 해? submit | **By when do I have to** submit them?

☐ 나는 언제까지 거기에 도착해야 해? | **By when do I have to** be there?

920

☐ 너는 얼마나 빨리 끝낼 수 있겠어? | **How soon can you** finish it?

☐ 너는 얼마나 빨리 여기에 올 수 있겠어? | **How soon can you** get here?

☐ 너는 얼마나 빨리 답장을 줄 수 있겠어? | **How soon can you** reply to me?

너는 얼마나 빨리 결과를 받을 수 있어?	How soon can you get the results?
921 □ 그곳에 가려면 얼마나 오래 걸려?	How long does it take to get there?
□ 그것을 끝내려면 얼마나 오래 걸려?	How long does it take to finish it?
□ 여권을 받으려면 얼마나 오래 걸려?	How long does it take to get a passport?
□ 수술하려면 얼마나 오래 걸려? surgery	How long does it take to do the surgery?
922 □ 너는 얼마나 자주 운동하니?	How often do you work out?
□ 너는 얼마나 자주 샤워를 하니?	How often do you take a shower?
□ 너는 얼마나 자주 이발하니?	How often do you have your hair cut?
□ 너는 얼마나 자주 조부모님을 찾아뵙니? grandparents	How often do you see your grandparents?
923 □ 너는 하루에 몇 번 스마트폰을 보니?	How many times do you watch your smart phone a day?
□ 너는 하루에 몇 번 식사하니?	How many times do you have meal a day?
□ 너는 하루에 몇 번 손을 씻니?	How many times do you wash your hands a day?
□ 너는 하루에 몇 번 식물에 물을 주니?	How many times do you water the plant a day?
924 □ 너는 그것이 얼마나 필요하니?	How much do you need it?
□ 너는 나를 얼마나 사랑하니?	How much do you love me?
□ 너는 무게가 얼마나 나가니?	How much do you weigh?
□ 너는 그것에 대해 얼마나 아니?	How much do you know about it?
925 □ 너는 얼마나 마셨니?	How much did you drink?
□ 너는 얼마나 이해했니?	How much did you understand?

☐ 너는 나를 얼마나 사랑했니?	How much did you love me?
☐ 너는 그것에 돈을 얼마나 지불했니?	How much did you pay for that?

926

☐ 어떤 것이 맛있니?	Which one is delicious?
☐ 어떤 것이 비싸니?	Which one is expensive?
☐ 어떤 것이 중요하니?	Which one is important?
☐ 어떤 것이 어렵니?	Which one is difficult?

927

☐ 너는 어떤 것을 원하니?	Which one do you want?
☐ 너는 어떤 것을 가졌니?	Which one do you have?
☐ 너는 어떤 것이 좋니?	Which one do you like?
☐ 너는 어떤 것을 추천하니?	Which one do you recommend?

928

☐ 너는 어떤 것을 골랐니?	Which one did you choose?
☐ 너는 어떤 것을 샀니?	Which one did you buy?
☐ 너는 어떤 것을 사용했니?	Which one did you use?
☐ 너는 어떤 것을 받았니?	Which one did you receive?

929

☐ 너는 어떤 것을 더 좋아하니?	Which one do you like better?
☐ 너는 어떤 영화를 더 좋아하니?	Which movie do you like better?
☐ 너는 어떤 책을 더 좋아하니?	Which book do you like better?
☐ 너는 어떤 노래를 더 좋아하니?	Which song do you like better?

930

☐ 너는 어떤 것을 선호하니?	Which one do you prefer?

☐ 너는 어떤 영화를 선호하니?   **Which** movie **do you prefer?**

☐ 너는 어떤 색깔을 선호하니?   **Which** color **do you prefer?**

☐ 너는 어떤 꽃을 선호하니?   **Which** flower **do you prefer?**

931

☐ 너는 커피와 차 중에서 어떤 것이 더 좋아?   **Which one do you like better?** coffee or tea**?**

☐ 너는 축구와 농구 중에서 어떤 것이 더 좋아?   **Which one do you like better?** soccer or basketball**?**

☐ 너는 치킨과 피자 중에서 어떤 것이 더 좋아?   **Which one do you like better?** chicken or pizza**?**

☐ 너는 면과 양모 중에서 어떤 것이 더 좋아? cotton wool   **Which one do you like better?** cotton or wool**?**

932

☐ 나는 어때?   **What about** me**?**

☐ 그는 어때?   **What about** him**?**

☐ 이 셔츠는 어때?   **What about** this shirt**?**

☐ 그 회의는 어때?   **What about** the meeting**?**

933

☐ 그곳에 가는 것은 어때?   **How about** going there**?**

☐ 외식하는 것은 어때?   **How about** eating out**?**

☐ 도움을 요청하는 것은 어때?   **How about** asking for help**?**

☐ 쿠폰을 사용하는 것은 어때?   **How about** using coupons**?**

☐ 너는 어때?   **How about** you**?**

934

☐ 어느 것이 내 것이니?   **Which is** mine**?**

☐ 어느 것이 맞니? correct   **Which is** correct**?**

☐ 어느 것이 최고니?   **Which is** the best**?**

체크하는 법 한글 해석만 읽고 영어로 말할 수 있으면 체크! ✓

☐ 어느 것이 더 크니?	Which is bigger?
☐ 어느 것이 더 낫니?	Which is better?
☐ 언제 그것이 끝나니?	When is it finished?
☐ 언제 그것이 보내지니?	When is it sent?
☐ 언제 그것이 처리되니?	When is it processed?
☐ 언제 그것이 확인되니?	When is it confirmed?
☐ 체크아웃은 언제야?	When is the check-out?
☐ 언제 집에 가니?	When do you go home?
☐ 언제 한국에 가니?	When do you go to Korea?
☐ 언제 은행에 가니?	When do you go to a bank?
☐ 언제 우체국에 가니?	When do you go to a post office?
☐ 도대체 네가 그걸 어떻게 알아?	How come you know that?
☐ 도대체 네가 어떻게 여기에 있어?	How come you are here?
☐ 도대체 네가 어떻게 결혼한 적이 없어?	How come you never married?
☐ 도대체 어떻게 그걸 놓쳤어?	How come you missed it?
☐ 너는 언제 일어나니?	When do you wake up?
☐ 너는 언제 조깅을 하니?	When do you jog?
☐ 너는 언제 집을 떠나니?	When do you leave home?
☐ 내가 언제 떠나야 해?	When should I leave?

935
936
937
938
939

내가 언제 집에 와야 해?	When should I come home?
내가 언제 그곳에 있어야 해?	When should I be there?
내가 언제 유니폼을 사야 해?	When should I buy the uniform?
940 그것은 왜 뜨겁니?	Why is it hot?
그것은 왜 느리니?	Why is it slow?
그것은 왜 망가졌니?	Why is it broken?
그것은 왜 비싸니?	Why is it expensive?
그것이 왜 그렇게 중요하니?	Why is it so important?
941 우리 언제 시작할까?	When do we want to begin?
우리 언제 먹을까?	When do we want to eat?
우리 언제 점심을 먹을까?	When do we want to have lunch?
우리 언제 집에 갈까?	When do we want to go home?
942 어떻게 감히 네가 나를 판단해?	How dare you judge me?
어떻게 감히 네가 내게 도전해?	How dare you challenge me?
어떻게 감히 그가 날 무시해?	How dare he ignores me?
어떻게 감히 그가 나에게 거짓말을 해?	How dare he lies to me?
943 당신의 시간에 감사해요.	Thank you for your time.
당신의 도움에 감사해요.	Thank you for your help.
당신이 와줘서 감사해요.	Thank you for your visit.

체크하는 법 한글 해석만 읽고 영어로 말할 수 있으면 체크! ✓

☐ 당신의 친절함에 감사해요.	Thank you for your kindness.
☐ 당신이 기다려 주셔서 감사해요.	Thank you for your waiting.
☐ 저는 모든 것에 감사해요.	I am grateful for everything.
☐ 저는 당신의 도움에 감사해요.	I am grateful for your help.
☐ 저는 당신의 배려에 감사해요. consideration	I am grateful for your consideration.
☐ 저는 당신의 환대에 감사해요. hospitality	I am grateful for your hospitality.
☐ 당신을 도울 수 있어 기쁩니다.	It's my pleasure to help you.
☐ 당신을 만날 수 있어 기쁩니다.	It's my pleasure to meet you.
☐ 당신에게 연락할 수 있어 기쁩니다.	It's my pleasure to contact you.
☐ 당신과 함께할 수 있어 기쁩니다.	It's my pleasure to be with you.
☐ 당신을 도울 수 있어서 기뻤어요.	It was my pleasure to help you.
☐ 당신을 보조할 수 있어서 기뻤어요. assist	It was my pleasure to assist you.
☐ 당신과 함께할 수 있어서 기뻤어요.	It was my pleasure to be with you.
☐ 당신과 일할 수 있어서 기뻤어요.	It was my pleasure to work with you.
☐ 당신의 조언에 감사합니다.	I appreciate your advice.
☐ 당신의 의견에 감사합니다. input	I appreciate your input.
☐ 당신의 노력에 감사합니다.	I appreciate your efforts.
☐ 당신의 지지에 감사합니다.	I appreciate your support.
☐ 당신이 저를 도와준다면 감사하겠습니다.	I would appreciate it if you help me.

944
945
946
947
948

□ 당신이 그걸 고려해주시면 감사하겠습니다.   I would appreciate it if you consider it.

□ 당신이 저를 위해 와주신다면 감사하겠습니다.   I would appreciate it if you come for me.

□ 당신이 제게 알려주시면 감사하겠습니다.   I would appreciate it if you let me know.

949

□ 나는 모든 것에 감사해.   I feel grateful for everything.

□ 나는 너의 도움에 감사해.   I feel grateful for your help.

□ 나는 그의 너그러움에 감사해. `generosity`   I feel grateful for his generosity.

□ 나는 그녀의 헌신에 감사해. `dedication`   I feel grateful for her dedication.

950

□ 나는 네가 안타까워.   I feel sorry for you.

□ 나는 그가 안타까워.   I feel sorry for him.

□ 나는 노숙자들이 안타까워. `homeless`   I feel sorry for the homeless.

□ 나는 저 불쌍한 아이가 안타까워.   I feel sorry for that poor child.

951

□ 나는 먹을 기분이 아니야.   I don't feel like eating.

□ 나는 춤출 기분이 아니야.   I don't feel like dancing.

□ 나는 농담할 기분이 아니야.   I don't feel like joking.

□ 나는 너와 이야기할 기분이 아니야.   I don't feel like talking with you.

952

□ 내가 바보인 것 같은 기분이야.   I feel like I am stupid.

□ 나는 익사하는 것 같은 기분이야. `drowning`   I feel like I am drowning.

□ 나는 저주를 받은 것 같은 기분이야. `cursed`   I feel like I am cursed.

□ 나는 돌에 대고 말하고 있는 것 같은 기분이야.   I feel like I am talking to a stone.

953
☐ 편하게 전화줘. — **Feel free to** call me.

☐ 편하게 내게 물어봐. — **Feel free to** ask me.

☐ 편하게 내 것을 써. — **Feel free to** use mine.

☐ 편하게 잠시 들러. — **Feel free to** drop by.

954
☐ 나는 점점 나아지고 있어. — **I am getting** better.

☐ 나는 점점 피곤해지고 있어. — **I am getting** tired.

☐ 나는 점점 흥분되고 있어. `thrilled` — **I am getting** thrilled.

☐ 나는 점점 혼란스러워지고 있어. `confused` — **I am getting** confused.

955
☐ 점점 추워지고 있어. — **It's getting** cold.

☐ 점점 어두워지고 있어. — **It's getting** dark.

☐ 점점 밝아지고 있어. — **It's getting** bright.

☐ 점점 매우 추워지고 있어. — **It's getting** freezing cold.

956
☐ 너는 무례하게 굴고 있어. — **You are being** rude.

☐ 너는 어리석게 굴고 있어. — **You are being** foolish.

☐ 너는 이기적으로 굴고 있어. — **You are being** selfish.

☐ 너는 너무 겸손하게 굴고 있어. `modest` — **You are being** too modest.

957
☐ 너는 왜 그렇게 무례하게 굴어? — **Why are you being so** rude.

☐ 너는 왜 그렇게 어리석게 굴어? — **Why are you being so** foolish.

☐ 너는 왜 그렇게 공격적으로 굴어? `aggressive` — **Why are you being so** aggressive.

너는 왜 그렇게 짜증 나게 굴어?　Why are you being so annoying.

958 이것은 업데이트되고 있어.　This is being updated.

이것은 완성되고 있어.　This is being completed.

이것은 지체되고 있어.　This is being delayed.

이것은 사용되고 있어.　This is being used.

학생이 감당할 수 있는 가격이니?　Is it affordable for a student?

우리 부모님이 감당할 수 있는 가격이니?　Is it affordable for our parents?

청소년들이 감당할 수 있는 가격이니?　Is it affordable for teenagers?

959 무엇을 공부해야 하는지 말해줘.　Tell me what to study.

무엇을 알아야 하는지 말해줘.　Tell me what to know.

무엇을 팔아야 하는지 말해줘.　Tell me what to sell.

무엇을 마셔야 하는지 말해줘.　Tell me what to drink.

960 나는 그들이 언제 오는지 몰라.　I don't know when they come.

나는 우리가 언제 출발하는지 몰라.　I don't know when we depart.

나는 그것이 언제 끝나는지 몰라.　I don't know when it is finished.

나는 내가 언제 끝나는지 몰라.　I don't know when I am done.

961 너의 시험에 행운을 빌어.　Wish you good luck on your exam.

너의 성공에 행운을 빌어.　Wish you good luck on your success.

너의 여행에 행운을 빌어.　Wish you good luck on your journey.

체크하는 법 한글 해석만 읽고 영어로 말할 수 있으면 체크! ✓

☐ 너의 결혼에 행운을 빌어.	Wish you good luck on your wedding.

962

☐ 왜 아무도 나를 좋아하지 않지?	Why no one likes me?
☐ 왜 아무도 애완동물을 사랑하지 않지?	Why no one loves pets?
☐ 왜 아무도 영화관에 가지 않지?	Why no one goes to the cinema?
☐ 왜 아무도 영화를 즐기지 않지?	Why no one enjoys the movie?

963

☐ 내 목숨보다 더 중요한 것은 없어.	Nothing is more important than my life.
☐ 부모님보다 더 중요한 것은 없어.	Nothing is more important than parents.
☐ 내 친구들보다 더 중요한 것은 없어.	Nothing is more important than my friends.
☐ 교육보다 더 중요한 것은 없어.	Nothing is more important than education.

964

☐ 너는 개와 고양이 중에서 어떤 것을 고를 거야?	What would you choose between a dog and a cat?
☐ 너는 독일과 프랑스 중에서 어떤 것을 고를 거야?	What would you choose between Germany and France?
☐ 너는 맥주와 와인 중에서 어떤 것을 고를 거야?	What would you choose between beer and wine?
☐ 너는 빨강과 노랑 중에서 어떤 것을 고를 거야?	What would you choose between red and yellow?

965

☐ 너는 이것이 언제 끝나?	When are you finished with this?
☐ 너는 그 책을 언제 다 읽어?	When are you finished with the book?
☐ 너는 수업이 언제 끝나?	When are you finished with the class?
☐ 너는 프로젝트가 언제 끝나?	When are you finished with the project?

966

☐ 너는 많은 것을 포기해야 해.	You should give up a lot.
☐ 너는 흡연을 포기해야 해.	You should give up smoking.

□ 너는 파티하는 것을 포기해야 해.	You should give up partying.
□ 너는 음주를 포기해야 해.	You should give up drinking.

967

□ 가는 것을 주저하지 마.	Don't hesitate to go.
□ 말하는 것을 주저하지 마.	Don't hesitate to say.
□ 나를 방문하는 것을 주저하지 마.	Don't hesitate to visit me.
□ 나에게 연락하는 것을 주저하지 마.	Don't hesitate to contact me.

968

□ 나는 너와 상담하고 싶어.	I would like to consult with you.
□ 나는 의사와 상담하고 싶어.	I would like to consult with my doctor.
□ 나는 전문가와 상담하고 싶어. specialist	I would like to consult with a specialist.
□ 나는 정신과 의사와 상담하고 싶어. psychiatrist	I would like to consult with a psychiatrist.

969

□ 너는 멍청하게 굴고 있어.	You are being silly.
□ 너는 무지하게 굴고 있어. ignorant	You are being ignorant.
□ 너는 비이성적으로 굴고 있어. irrational	You are being irrational.
□ 너는 부정적으로 굴고 있어.	You are being negative.

970

□ 당신의 도움에 정말 감사드려요.	I really appreciate your support.
□ 당신의 기부에 정말 감사드려요. donation	I really appreciate your donation.
□ 당신의 이해심에 정말 감사드려요.	I really appreciate your understanding.
□ 당신의 관심에 정말 감사드려요.	I really appreciate your attention.

971

□ 너는 나에게 무슨 짓을 한 거야?	What have you done to me?

☐ 너는 너 자신에게 무슨 짓을 한 거야?	What have you done to yourself?
☐ 너는 우리에게 무슨 짓을 한 거야?	What have you done to us?
☐ 너는 그들에게 무슨 짓을 한 거야?	What have you done to them?
972 ☐ 나는 네가 뭘 필요로 하는지 알고 싶어.	I want to know what you need.
☐ 나는 네가 뭘 사는지 알고 싶어.	I want to know what you buy.
☐ 나는 네가 뭘 가졌는지 알고 싶어.	I want to know what you have.
973 ☐ 나는 그것에 대해 아무것도 알지 못해.	I don't know anything about that.
☐ 나는 그 호텔에 대해 아무것도 알지 못해.	I don't know anything about the hotel.
☐ 나는 그 상황에 대해 아무것도 알지 못해.	I don't know anything about the situation.
☐ 나는 우리 예약에 대해 아무것도 알지 못해.	I don't know anything about our appointment.
974 ☐ 너 자신을 믿는 것은 말이 안 돼.	It makes no sense to believe in yourself.
☐ 운명을 믿는 것은 말이 안 돼.	It makes no sense to believe in fate.
☐ 외계인을 믿는 것은 말이 안 돼.	It makes no sense to believe in aliens.
☐ 공공의 이익을 믿는 것은 말이 안 돼.	It makes no sense to believe in greater good.
975 ☐ 당신의 도움이 많은 도움이 되었습니다.	Your help was very helpful.
☐ 당신의 친절이 많은 도움이 되었습니다.	Your kindness was very helpful.
☐ 당신의 지원이 많은 도움이 되었습니다.	Your assistance was very helpful.
☐ 당신의 경제적 지원이 많은 도움이 되었습니다.	Your financial support was very helpful.
976 ☐ 나는 그 가족에게 연민을 느껴.	I have sympathy for the family.

나는 고아들에게 연민을 느껴. `orphans`

I have sympathy for orphans.

나는 피해자들에게 연민을 느껴. `victims`

I have sympathy for victims.

나는 노숙자들에게 연민을 느껴.

I have sympathy for homeless people.

977

나는 얼음을 찾아볼게.

I will try to find some ice.

나는 연관성을 찾아볼게. `connection`

I will try to find a connection.

나는 다른 방법을 찾아볼게.

I will try to find another way.

나는 비밀인 무언가를 찾아볼게.

I will try to find something secret.

978

나는 이것에 대한 자격이 없어.

I don't deserve this.

나는 보상을 받을 자격이 없어. `reward`

I don't deserve the reward.

나는 상을 받을 자격이 없어. `award`

I don't deserve the award.

나는 인정받을 자격이 없어.
`acknowledgement`

I don't deserve
the acknowledgement.

979

너는 우리가 누군지 알아?

Do you know who we are?

너는 이 남성이 누구인지 알아?

Do you know who this man is?

너는 이 사람들이 누구인지 알아?

Do you know who these people are?

너는 저 여성분들이 누구인지 알아?

Do you know who those women are?

980

제가 지나가도 괜찮을까요?

Is it all right if I go through?

제가 그곳에 없어도 괜찮을까요?

Is it all right if I am not there?

이 자리에 앉아도 괜찮을까요?

Is it all right if I take the seat?

참석하지 않아도 괜찮을까요?

Is it all right if I don't attend?

981

☐ 너는 틀림없이 화났겠다. — You must have been angry.

☐ 너는 틀림없이 속상했겠다. — You must have been upset.

☐ 너는 틀림없이 긴장했겠다. — You must have been nervous.

☐ 너는 틀림없이 실망했겠다. — You must have been disappointed.

982

☐ 나는 네가 떠난다는 걸 믿을 수 없어. — I can't believe you are leaving.

☐ 나는 네가 여기에 없다는 걸 믿을 수 없어. — I can't believe you are not here.

☐ 나는 네가 결혼을 안 했다는 걸 믿을 수 없어. — I can't believe you are not married.

☐ 나는 네가 남자친구가 없다는 걸 믿을 수 없어. — I can't believe you don't have a boyfriend.

983

☐ 걷는 것을 멈춰줄 수 있어? — Can you stop walking?

☐ 음주를 멈춰줄 수 있어? — Can you stop drinking?

☐ 신뢰를 멈춰줄 수 있어? — Can you stop trusting?

☐ 속이는 걸 멈춰줄 수 있어? — Can you stop deceiving?

984

☐ 내가 어떻게 오늘을 잊을 수 있겠어? — How could I ever forget today?

☐ 내가 어떻게 네 얼굴을 잊을 수 있겠어? — How could I ever forget your face?

☐ 내가 어떻게 우리의 추억을 잊을 수 있겠어? — How could I ever forget our memory?

☐ 내가 어떻게 내 고향을 잊을 수 있겠어? — How could I ever forget my hometown?

985

☐ 정말 아름다운 날이야! — Such a beautiful day!

☐ 정말 아름다운 소리야! — Such a beautiful sound!

☐ 정말 아름다운 사진이야! — Such a beautiful picture!

□ 정말 아름다운 조화야! `harmony` Such a beautiful harmony!

□ 내게 정말 필요한 것은 남자친구야. A boyfriend is what I really need.

□ 내게 정말 필요한 것은 남편이야. A husband is what I really need.

□ 내게 정말 필요한 것은 평범한 삶이야. A normal life is what I really need.

□ 내게 정말 필요한 것은 정직이야. The honesty is what I really need.

□ 그것이 왜 차갑지? How come is it cold?

□ 그것이 왜 무겁지? How come is it heavy?

□ 그것이 왜 더럽지? How come is it dirty?

□ 그것이 왜 불결하지? `filthy` How come is it filthy?

□ 너는 호텔에 머물러도 돼. You could stay in the hotel.

□ 너는 펜션에 머물러도 돼. You could stay in the pension.

□ 너는 호스텔에 머물러도 돼. You could stay in the hostel.

□ 너는 병원에 머물러도 돼. You could stay in the hospital.

□ 나는 네가 언제 집에 오는지 알고 싶어. I want to know when you come home.

□ 나는 그가 언제 돌아오는지 알고 싶어. I want to know when he comes back.

□ 나는 그녀가 언제 돌아오는지 알고 싶어. I want to know when she returns.

□ 나는 휴가가 언제 시작하는지 알고 싶어. I want to know when the vacation starts.

□ 너는 내게 무엇이 필요한지 몰라. You don't know what I need.

□ 너는 내가 무엇을 말했는지 몰라. You don't know what I said.

체크하는 법 한글 해석만 읽고 영어로 말할 수 있으면 체크! ✔

☐ 너는 내가 무엇을 생각하고 있었는지 몰라.	**You don't know what I** had in mind.
☐ 너는 내가 무엇을 바라고 있었는지 몰라.	**You don't know what I** was hoping for.
☐ 네가 어디에 가고 싶은지 말해줘.	**Tell me where you** want to go.
☐ 네가 어디에 살고 싶은지 말해줘.	**Tell me where you** want to live.
☐ 네가 어느 학교를 다니는지 말해줘.	**Tell me where you** go to school.
☐ 네가 날 어디에서 알았는지 말해줘.	**Tell me where you** know me from.
☐ 이것은 사실의 문제야.	**It's a matter of** fact.
☐ 이것은 돈의 문제야.	**It's a matter of** money.
☐ 이것은 견해 상의 문제야.	**It's a matter of** opinion.
☐ 이것은 취향의 문제야.	**It's a matter of** taste.
☐ 비가 오지 않는 이상.	**Unless it is** rainy.
☐ 비상 상황이 아닌 이상.	**Unless it is** an emergency.
☐ 정말 중요하지 않은 이상.	**Unless it is** really important.
☐ 시원하게 보관하지 않는 이상.	**Unless it is** kept cold.

991
992
993

MY ENGLISH
CHECK LIST 3768

1판 1쇄 2023년 5월 1일

저　　자 Mr. Sun
펴 낸 곳 OLD STAIRS
출판 등록 2008년1월10일 제313-2010-284호
이 메 일 oldstairs@daum.net

가격은 뒷면 표지 참조
ISBN 979-11-91156-95-9